Angela Merkels Flüchtlingspolitik - eine Bilanz des Versagens

von

Hans-Erich Kiehne

Bibliografische Information der Deutschen Nationalbibliothek:
Die Deutsche Nationalbibliothek verzeichnet diese Publikation in der Deutschen
Nationalbibliografie;
detaillierte bibliografische Daten sind im Internet über
http://dnb.d-nb.de abrufbar.
© 2016 Hans-Erich Kiehne
Umschlaggestaltung, Herstellung und Verlag: BoD- Books on Demand
ISBN: 978-3-7431-8445-9

Inhaltsverzeichnis

Zum Buch

Die europäische Flüchtlingskrise ist eine der schwersten politischen Krisen der letzten Jahre gewesen. Im Zentrum hat Deutschland mit Angela Merkel gestanden. Deutschland ist dasjenige Land, das den größten Anteil der Flüchtlinge auf sich gezogen hat.

Die führenden Politiker und Medien in Deutschland wollten und wollen noch heute in den Flüchtlingsströmen das Wirken der Globalisierung sehen. „Rendezvous unserer Gesellschaft mit der Globalisierung" nannte es Schäuble (CDU) in einem Interview vom 11. November 2015.

Die Realität ist eine andere. Bewaffnete Auseinandersetzungen und gewaltsame Verfolgungen lassen seit Jahren Menschen aus ihrer Heimat fliehen. Insbesondere Bürgerkriege, ethnische und religiöse Wirren im Nahen Osten und in Afrika haben seit vielen Jahren große Flüchtlingsbewegungen heraufbeschworen. Der Bürgerkrieg in Syrien hatte bereits vier Jahre gedauert. Er hatte schon Millionen Menschen zur Flucht gezwungen. Die Menschen, die ab Mitte 2015 nach Europa strömten, hatten schon Zuflucht gefunden, hauptsächlich in der Türkei.

Die Flüchtlinge brachen Mitte 2015 gleichsam aus dem Stand weiter nach Europa auf. Die Türkei hatte ihr Land als Transitland für die Flüchtlinge geöffnet. Es war dies ein politischer Akt des türkischen Präsidenten Erdogan. Er hat die europäische Flüchtlingskrise ausgelöst.

Die Türkei hat die Hälfte der syrischen Flüchtlinge aufgenommen. Mit 2,5 Mio. aufgenommenen Flüchtlingen Ende 2015 ist die Türkei weltweit die Gastnation mit der höchsten Flüchtlingszahl. Die Türkei hatte daher schon lange von Europa gefordert, ein Teil dieser Lasten zu übernehmen. Die Türkei erbringt in seiner Flüchtlingspolitik nicht nur eine große humanitäre Leistung, es schirmte Europa auch vor den Flüchtlingsströmen ab.

Das sich seiner Werte so rühmende Europa ließ das Flüchtlingselend kalt. Die europäischen Politiker übten sich vielmehr in Abstinenz gegenüber

Das Buch schildert Ursachen und Entwicklung der Flüchtlingskrise wie zeigt deren weitreichende Folgen auf. Es geht den Flüchtlingsbewegungen nach Europa und innerhalb Europas nach. Im Zentrum stehen die Situation in Deutschland und damit gleichzeitig Politik und Verantwortung von Angela Merkel.

Das Buch fragt nach der Flüchtlingspolitik von Angela Merkel bis zum Ausbruch der Flüchtlingskrise Mitte 2015, behandelt die *Willkommenskultur* Angela Merkels und ihr Scheitern,

zeigt die Lösung der Krise durch Vereinbarung mit der Türkei auf,

stellt das Versagen von Angela Merkel und die Folgen der Flüchtlingskrise für die europäische und deutsche Politik dar,

fragt nach den Motiven für das Handeln von Angela Merkel.

Im Anhang A werden die Perspektiven einer modernen zukunftsweisenden Flüchtlingspolitik skizziert.

Der Anhang B gibt einen kurzen Überblick über die Rechtsgrundsätze des Asyl-Regimes.

I. Die europäische Flüchtlingskrise – das Werk Erdogans

Ab Mitte 2015 nahm der Flüchtlingsstrom über die Balkanroute dramatisch zu. Hundertausende stürmten unkontrolliert über die deutsche Grenze. Zehn Monate später hat sich der Sturm wieder gelegt. Die Aufnahmeeinrichtungen an der bayerischen Grenze zeigen gähnende Leere. Die ruhigen Zeiten mit wenigen tausend Flüchtlingen an den deutschen Grenzen sind zurückgekehrt. Im April 2016 wurden insgesamt nur noch 16 Tsd. Ersterfassungen von Asylbewerbern im EASY-System gezählt.

Den Flüchtlingsstrom hat ein Mann gesteuert, Recep Tayyip Erdogan, der türkische Staatspräsident. Er hat die Türkei für den Flüchtlingsstrom geöffnet. Er hat ihn geschlossen, nachdem er seine Ziele durch das Abkommen mit der EU vom 18. März 2016 erreicht hatte.

Als der Flüchtlingsstrom los gebrochen war, flüchteten sich die europäischen Politiker, voran Angela Merkel, in die globalen Weltbilder von Flüchtlingsheeren, von Bürgerkriegen, ethnischen und religiösen Verfolgungen, brutalen Diktaturen, von Hunger und Dürre in vielen Teilen der Welt. Sie beschworen die Menschenrechte und forderten Solidarität.

Die Ursachen für die Millionen Flüchtlinge treffen zu. Doch die großen weltweiten Flüchtlingsbewegungen sind kein Phänomen des Jahres 2015, Tausende von Flüchtlingen ziehen schon lange insbesondere durch den Nahen Osten und Afrika. Die blutigen Auseinandersetzungen in Syrien, Afghanistan und im Irak haben schon lange Millionen Menschen aus ihren Heimatländern vertrieben. In Afrika sind es kriegerische Stammes- und Religionsfehden insbesondere in Somalia, Eritrea und Nigeria, die die Menschen flüchten lassen.

Aufnahme haben die Flüchtlinge weitgehend in den Nachbarländern der Krisengebiete gefunden. Außerdem finden seit vielen Jahren Flüchtlinge auch in Europa Schutz. Die Flüchtlinge aus Syrien, Afghanistan und dem Irak benutzen für ihren Weg nach Europa in erster Linie die östliche

Mittelmeerroute, also den Weg von der Türkei über die ägäischen Inseln auf das griechische Festland. Es hat sich hierbei aber für viele Jahre nur um eine relativ geringe Zahl gehandelt. Mitte 2015 explodierten plötzlich die Flüchtlingszahlen.

Diese „Explosion" verlief aber nicht etwa parallel zu einem Anschwellen der Flüchtlingsströme aus den Krisengebieten. Der Stand der Flüchtlinge ist seit 2013 in allen relevanten Krisengebieten mit Ausnahme von Syrien weitgehend konstant geblieben. Der syrische Bürgerkrieg schwemmt dagegen seit 2012 jährlich hunderttausende Flüchtlinge insbesondere in die Türkei, auch in 2015. Diese Flüchtlingsströme hat die Türkei absorbiert und hätte sie auch in 2015 absorbieren können. Bis Mitte 2015 hat sie das offensichtlich getan. Die Flüchtlingszahlen über die östliche Balkanroute nahmen erst ab Juli 2015 dramatisch zu.

Die Zahlen im Einzelnen sind im folgenden Kapitel „Ursachen und Entwicklung der Flüchtlingsströme" (S. 13ff) dargestellt.

Diese plötzliche Erhöhung der Flüchtlingszahlen kann sich nur aus einer politischen Entscheidung der Türkei erklären, nämlich der Öffnung ihres Landes als Transitland für die Flüchtlinge. Mit dem Vertragsschluss mit der EU vom 18. März 2016 beendete die Türkei ihre Öffnung als Transitland. Der Flüchtlingsstrom versiegte.

Für eine derartige bewusste politische Entscheidung der Türkei sprechen maßgebliche Gründe.

Die Erfahrung zeigt, die durchorganisierten Staaten kennen keine großen Flüchtlingsströme, sie lassen sie grundsätzlich nicht zu. Das trifft in gleicher Weise für Ägypten zu wie für Algerien und Marokko. Von diesen Staaten kommen keine Flüchtlingsströme. Auch über Libyen war der Weg zum Mittelmeer verschlossen, bis dort nach dem Ausbruch des Bürgerkrieges 2011 die staatliche Macht immer stärker erodierte. Ebenso hat die Türkei bis Mitte 2015 größere Flüchtlingsbewegungen über die Ägäis nicht zugelassen.

Die Türkei ist ein durchorganisierter Staat mit starken, effizienten Polizei- und Militärapparaten. Die Türkei ist daher in der Lage, Flüchtlingsströme zu lenken und insbesondere ihre Küsten zu sichern. Auch das Schlepperwesen kann ein Staat wie die Türkei wirksam bekämpfen, wenn sie es denn will. Jahre lang hat sie dies zum Wohle Europas praktiziert.

Wenn die Türkei in 2015 ihre Politik geändert hat, liegt der Grund im Verhalten der europäischen Staaten. Europa hat sich Jahre lang geweigert, der Türkei einen Teil ihrer horrenden Flüchtlingslasten abzunehmen. Mit über 2,5 Mio. aufgenommen Flüchtlingen hat die Türkei die Hauptlast der syrischen Flüchtlinge getragen. Die führenden Staatsmänner Europas, unter ihnen auch Angela Merkel, hatten Erdogan wegen seines immer autoritäreren Führungsstiles geschnitten. Die EU Beitrittsverhandlungen hatten sie auf Eis gelegt. Sie behandelten die Türkei nicht mehr als politischen Partner, sahen in der Türkei nicht mehr einen strategischen Partner für die vielfältigen Probleme des aufgewühlten Nahen Ostens. Sie konzentrierten sich vielmehr darauf, die innenpolitischen Entwicklungen in der Türkei, insbesondere deren Präsidenten Erdogan zu kritisieren.

Mit dieser Einstellung gewannen sie wohl den Applaus im Inland. Politisch kann man aber einen derartig für Europa bedeutenden Staat und dessen maßgebenden Repräsentanten nicht behandeln, will man denn seinen politischen Einfluss und damit seine eigene Handlungsfähigkeit bewahren.

So zwang man Erdogan in die politische Isolierung. Erdogan wollte sich von der ihm auferlegten Isolierung in Europa befreien. Er wollte wieder als gleichberechtigter Partner in Europa anerkannt werden. Er wollte Europa zwingen, sich an den Lasten der Millionen syrischer Flüchtlinge zu beteiligen, die die Türkei zum Vorteil Europas aufgenommen hatte. Das Mittel boten ihm die Flüchtlinge. Wie hat es Erdogan gegenüber dem bulgarischen Ministerpräsidenten formuliert: er könne jederzeit „Europa mit Migranten überfluten" (FAZ vom 26.8.2016 S. 2). Er tat es!

Man kann davon ausgehen, dass Erdogan schon lange den Europäern seine Vorstellungen zur Gehör gebracht hatte. Doch die europäischen Politiker blieben schwerhörig und verkannten völlig die Härte und Konsequenz eines Mannes wie Erdogan.

Die Schleuser haben die Treibriemen für die Ströme gestellt. Angela Merkel hat diesem Flüchtlingstreck noch Ansporn und Ziel gesetzt, indem sie am 4. September 2015 die deutschen Grenzen für offen erklärte - ohne Absprache mit den anderen EU Staaten – und die *Willkommenskultur* auf den Schild hob. Mit ihrer *Willkommenskultur* machte sich Angela Merkel im Ergebnis zum Komplizen von Erdogans Politik. Aber nicht nur das, gleichzeitig ließ sie die übrigen EU Staaten in einem Europa ohne Grenzen zu Gefangenen ihrer *Willkommens*-Politik werden.

Die Maßnahmen der Türkei waren gleichermaßen raffiniert wie wirkungsvoll. Die Türkei brauchte keine direkten Maßnahmen zu ergreifen. Die Flüchtlinge erledigten für die Türkei „die Arbeit". Zu direkten Gegenmaßnahmen gegen die anströmenden Flüchtlinge fanden sich die EU Staaten in ihrer Mehrzahl nicht bereit. Die Türkei selbst war nicht angreifbar. Sie konnte sich darauf zurückziehen, dass die Flüchtlinge aus freien Stücken die Türkei verließen.

Erdogan traf mit seiner Politik auf ein unvorbereitetes und konzeptloses Europa. Wollte Europa der Flüchtlingsströme Herr werden, war Europa auf eine Kooperation mit der Türkei angewiesen. Erdogan setzte seine Forderungen mit dem Vertrag vom 18. März 2016 durch (substantielle finanzielle Hilfen, Wiederaufnahme der Verhandlungen über einen EU-Beitritt, Aufhebung der Visapflicht für türkische Staatsangehörige).

Die Flüchtlingsströme über die Ägäis waren Vergangenheit. Die Verhältnisse waren wieder hergestellt, wie sie bis Mitte 2015 vor der Öffnung der Türkei bestanden hatten.

II. Ursachen und Entwicklung der Flüchtlingsströme

1. Das Flüchtlingselend im Nahen Osten und in Afrika

In 2015 hat sich nach Angaben des UNO Flüchtlingshilfswerks (UNHCR) die Zahl der Flüchtlinge weltweit um 5,8 Mio. auf 65,3 Mio. erhöht. Den überwiegenden Teil stellen die Binnenflüchtlinge. Die Flüchtlinge über die Grenzen ihres eigenen Landes hinaus (internationale Flüchtlinge) beliefen sich auf 16,1 Mio.

Die nachfolgende Tabelle zeigt die Zahl der Flüchtlinge „über die Grenze" seit 2012 zum Ende des jeweiligen Jahres an. - Quelle: UNHCR

Wesentliche Herkunfts- und Aufnahmeländer der Flüchtlinge (Anzahl in Mio.)

Stand 31.12.	2012	2013	2014	2015
Flüchtlinge				
gesamt	<u>10,5</u>	<u>11,7</u>	<u>14,4</u>	<u>16,1</u>
davon aus:				
Syrien	0,8	2,5	3,9	4,9
Afghanistan	2,6	2,5	2,6	2,7
Irak	0,8	0,4	0,4	0,3
Somalia	1,1	1,1	1,1	1,1
Eritrea	0,2	0,2	0,4	0,4
Aufnahmeländer				
Türkei	0,2	0,6	1,6	2,5
Libanon	0,1	0,8	1,2	1,1
Jordanien	0,3	0,6	0,6	0,7
Pakistan	1,6	1,6	1,5	1,6
Iran	0,8	0,8	1,0	1,0

Aufgeführt sind die Länder, die für die europäische Flüchtlingskrise von maßgeblicher Bedeutung sind. Diese zählen weitgehend auch weltweit zu den wichtigsten Flüchtlingsgebieten.

Syrien steht mit 4,9 Mio. Flüchtlingen an erster Stelle der Herkunftsländer. Von dem Anstieg der weltweiten Flüchtlingszahlen von 2012 bis 2015 um 5,6 Mio. entfallen allein auf Syrien 4,1 Mio., davon 1,0 Mio. in 2015. Afghanistan verzeichnet die zweithöchste Flüchtlingszahl mit 2,7 Mio.. Mit einer nur geringen Erhöhung um 0,1 Mio. verharrt sie damit auf hohem Niveau. Der Stand der Flüchtlinge aus dem Irak ist mit 0,3 Mio. deutlich geringer und leicht rückläufig.

Was Afrika betrifft, stammen die Europa erreichenden Flüchtlinge insbesondere aus Somalia und Eritrea. Das von religiösen und ethnischen Konflikten zerrissene Somalia zeichnet die höchsten Flüchtlingszahlen Afrikas aus. Im Vergleich liegen diese Länder mit ihren Flüchtlingszahlen aber weit hinter Syrien und Afghanistan zurück

Wie die Tabelle über die aufgenommenen Flüchtlinge zeigt, hat der Hauptteil der Flüchtlinge Aufnahme in den Nachbarländern gefunden, was typisch für die Flüchtlingssituation weltweit ist. Die meisten syrischen Flüchtlinge befinden sich in den angrenzenden Ländern Türkei, Libanon und Jordanien. Die afghanischen Flüchtlinge haben weitgehend ihre Nachbarn Pakistan und der Iran aufgenommen. Die Türkei ragt mit aufgenommenen Flüchtlingen von 2,5 Mio. weit über alle übrigen Länder hinaus. Deutschland findet sich nicht in der Liste der großen Aufnahmeländer 2015. Hier dürfte mangelnde Registrierung eine Rolle spielen.

2. Die Flüchtlingsströme nach Europa und die Öffnung der Türkei

Vier Routen haben sich im Laufe der Jahre als die maßgeblichen Flüchtlingsrouten nach Europa herausgebildet:

die östliche Mittelmeerroute: Türkei – ägäische Inseln/Griechenland
die mittlere Mittelmeerroute: Libyen – Lampedusa/Malta - Italien
die westliche Mittelmeerroute: Algerien/Marokko – Spanien
die westliche Afrikaroute: Westafrika – Kanarische Inseln (Spanien)

Von diesen Routen haben sowohl die westliche Mittelmeerroute wie die westliche Afrikaroute ihre Bedeutung verloren. Die jährlichen illegalen Grenzübertritte auf beide Routen lagen in den letzten Jahren unter 10 Tsd. Algerien wie Marokko haben keine Flüchtlingsströme mehr in ihren Ländern geduldet. Die Stacheldrahtzäune an den Grenzen der spanischen Enklaven Ceuta und Melilla auf nordafrikanischem Boden tun ein Übriges.

Die mittlere Mittelmeerroute konnte ihre Bedeutung erst gewinnen, nachdem der libysche Staat nach dem Sturz Gaddafis (2011) erodierte. Libyen lässt jetzt Flüchtlinge ungehindert durch das Land ziehen. Zur zentralen Flüchtlingsroute entwickelte sich die östliche Mittelmeeroute.

	Illegale Grenzübertritte (in Tsd.)				
	2010	2012	2013	2014	2015
Mittelmeerroute					
östliche	56	37	25	51	885
mittlere	5	16	40	171	154
	61	53	65	222	1039

Quelle: Frontex (Europäische Grenzschutzagentur)

Die östliche Mittelmeerroute ist gleichsam explodiert. Und diese Explosion hat sich allein in der zweiten Hälfte 2015 abgespielt, beginnend im Juni 2015.

Illegale Grenzübertritte 2015 östliche Mittelmeerroute (in Tsd.)

	1. Quartal	2. Quartal	3. Quartal	4. Quartal	gesamt
aus:					
Syrien	8	40	229	221	498
Afghanistan	3	17	57	137	214
Irak	1	3	19	70	93
	12	60	305	428	805
andere	2	8	14	56	80
gesamt	14	68	319	484	885

Quelle: Frontex

Diese Explosion der Flüchtlingszahlen ist auf die Öffnung der Türkei als Transitland zurückzuführen (s.o.S.9ff). Den Hauptteil der Flüchtlinge stellen Syrer. Auffallend ist die steigende Anzahl von Afghanen und Irakern im vierten Quartal. Für Afghanistan und den Irak hat das UNHCR für 2015 keine ins Gewicht fallende Änderung der Flüchtlingszahlen vermeldet. Der von diesen beiden Ländern ausgehende Flüchtlingsdruck hat sich daher in 2015 nicht erhöht. Viele Afghanen und Iraker haben offensichtlich die Gelegenheit der plötzlich offenen Türkei genutzt, um nach dem mit der *Willkommenskultur* lockenden Europa aufzubrechen.

Aus Syrien sind in 2015 infolge des weiter wütenden Bürgerkriegs insgesamt eine Million geflohen. Diese Zahl zeigt einen deutlichen Rückgang gegenüber den Vorjahren an (2013: 1,7 Mio., 2014: 1,4 Mio.). Die großen Flüchtlingsbewegungen aus Syrien nehmen – auf noch hohem Niveau – ab.

3. Die Asylbewerber der EU

Welche Flüchtlinge die EU erreicht haben, darüber gibt Eurostat, das Statistische Amt der EU, Auskunft. Die Zahlen spiegeln wesentlich die dargestellten Flüchtlingsströme nach Europa wider. Die Zahlen für die Asylbewerber dürften größenordnungsmäßig als Zahlen für die eingereisten Flüchtlinge genommen werden können. Eine Ausnahme gilt für 2015. Hier hat die faktische Öffnung der deutschen Grenzen am 4. September 2015 zu einem unkontrollierten Flüchtlingssturm nach Europa geführt, dem die Asylämter nicht gewachsen waren.

Die folgende Tabelle zeigt die Asylbewerberzugänge in die EU aus den wesentlichen Herkunftsländern in den letzten Jahren. Erfasst sind die Erst- und Folgeanträge. Ein Folgeantrag liegt vor, wenn ein Asylbewerber z.B. nach Rücknahme oder Ablehnung erneut einen Asylantrag stellt. Nur die Erstanträge aufzuführen, würde ein genaueres Bild geben. Doch für alle EU Länder liegen getrennte Zahlen nicht vor. Die Folgeanträge machen im Übrigen nur einen geringen Teil der Asylanträge aus (z.B. 2015: 66 Tsd.). – Quelle: Eurostat -

Asylbewerberzugänge EU nach wesentlichen Herkunftsländern (in Tsd.)

	2010	2012	2013	2014	2015
Syrien	4	24	50	122	363
Afghanistan	21	26	26	41	178
Irak	16	11	11	21	122
Pakistan	9	19	21	22	46
Iran	10	12	13	11	25
	60	92	121	217	734
Kosovo	14	10	20	38	67
Albanien	<6	7	19	11	66
Serbien	18	19	22	31	19
	32	36	61	80	152
Eritrea	<6	6	14	37	33
Nigeria	7	7	12	20	30
Somalia	14	13	17	16	20
	21	26	43	73	83
übrige	148	182	207	258	353
gesamt	261	336	432	628	1322

Wenn auch in 2015 die tatsächliche Zahl der Flüchtlinge weit höher gelegen hat, sollten die Zahlen auch für 2015 die Struktur der Flüchtlingszugänge weitgehend treffen.

Die Flüchtlinge aus den Kriegsgebieten des Nahen Ostens stellen die Masse der Asylsuchenden. Die Flüchtlinge aus Afrika, wie sie in erster Linie über die mittlere Mittelmeerroute kommen, machen immer noch einen relativ geringen Teil der Asylsuchenden aus. Von Bedeutung ist die zusätzliche Sogwirkung auf die Durchgangsländer, die die Flüchtlingsströme auf der Balkanroute ausgeübt haben. Die Menschen aus dem Kosovo, Albanien und Serbien stellen 2015 die zweitgrößte Gruppe der Asylbewerber der EU. Flüchtlinge aus Kriegsgebieten sind es nicht, sondern Migranten, die ein besseres Leben im nördlicheren Europa suchen.

In der Spalte „übrige" spiegeln sich die Flüchtlinge aus einer großen Zahl von Ländern wider, so aus Russland und aus Osteuropa, aus anderen als den aufgeführten Staaten Afrikas wie aus Asien.

4. Deutschlands Ausnahmestellung innerhalb der EU

Die herausragende Stellung Deutschlands als Ziel der Flüchtlinge lässt sich am besten an der folgenden Tabelle ablesen.

Asylbewerberzugänge EU nach Zielländern (in Tsd.)

	2008	2010	2012	2013	2014	2015
Deutschland	27	49	78	127	203	477
Schweden	25	32	44	54	81	163
Dänemark	2	5	6	7	15	21
Griechenland	20	10	10	8	9	13
Italien	30	10	17	27	65	84
Spanien	5	3	3	5	6	15
Österreich	13	11	17	18	28	88
Ungarn	3	2	2	19	43	177
übriger Balkan	5	3	6	12	16	24
Frankreich	42	53	61	66	64	76
Belgien	16	27	28	21	23	45
Niederlande	15	15	13	13	25	45
England	31	24	29	31	32	39
übrige	<u>24</u>	<u>17</u>	<u>22</u>	<u>24</u>	<u>18</u>	<u>55</u>
gesamt	<u>258</u>	<u>261</u>	<u>336</u>	<u>432</u>	<u>628</u>	<u>1322</u>

Quelle: BAMF

Die erste Gruppe zeigt die besonders Asyl freundlichen Staaten Deutschland, Schweden und Dänemark. Hier überragt Deutschland von Anfang an bei weitem. 2015 lag der deutsche Anteil an den registrierten

Asylbewerberzugängen bei 36 % nach 32 % in 2014. Der tatsächliche deutsche Anteil an den Flüchtlingen war weit höher, da in der zweiten Hälfte 2015 das BAMF dem Andrang an Asylbewerbern nicht Herr werden konnte.

Die nächste Gruppe stellen die Mittelmeeranrainer dar. Hier ist Erstaunliches zu beobachten. Jeder dieser Staaten ist der Anlaufstaat einer der Flüchtlingsrouten nach Europa. Griechenland, Anlaufstaat für die Balkanroute mit den höchsten Flüchtlingszahlen, hat in 2015 gerade 13 Tsd. Asylbewerber verzeichnet. Die Lösung ist sehr einfach. Griechenland hat entgegen den Regeln für den Schengenraum die ankommenden Flüchtlingsströme schlicht „durchgewinkt". Das gleiche gilt, wenn auch nicht ganz in so krassem Maß, für Italien, dem Anlaufstaat für die mittlere Mittelmeerroute. Spanien dagegen kennt praktisch keine Asylbewerber. Die organisierten Grenzregime Algeriens und Marokkos auf der anderen Seite des Mittelmeeres wie die Stacheldrahtzäune auf den spanischen Enklaven Ceuta und Melilla auf der marokkanischen Seite halten die Grenzen nach Spanien geschlossen.

Auf der Balkanroute haben Österreich und insbesondere Ungarn in 2015 eine sehr viel höhere Zahl an Asylanten akzeptiert als in den Vorjahren, bis sie ihre Grenzen schlossen.

Die westeuropäischen Länder haben auch angesichts der Flüchtlingsströme in 2015 im Gegensatz zu Deutschland ihre restriktive Asylpolitik fortgesetzt. Das nach Deutschland bevölkerungsstärkste Land des Schengenraums, Frankreich, kennt keine Flüchtlingsströme, wie sie über Deutschland hereingebrochen sind.

Von einer einheitlichen Asylpolitik in der EU zu sprechen, ist eine Schimäre. Sie gibt es nicht.

5. Deutschland – das gelobte Land

Deutschland hat dank seiner weitherzigen Flüchtlingspolitik die Hauptlast der Flüchtlingsströme getragen.

Die Herkunftsländer der Asylbewerber in Deutschland entsprechen weitgehend denen, die für die EU als Ganzes gelten. Die folgende Tabelle gibt hierüber Auskunft.

Asylbewerberzugänge in Deutschland (nur Erstanträge) (inTsd.)

Herkunftsländer	2010	2012	2013	2014	2015
Syrien	1	6	12	39	159
Afganistan	6	7	8	9	31
Irak	6	5	4	5	30
	13	18	24	53	220
Albanien	<1	<2	<4	<5	54
Kossovo	2	1	<4	7	33
Serbien	5	8	11	17	17
Mazedonien	2	5	6	6	9
	9	14	17	30	113
Eritrea/Somalia	2	<2	7	19	11
übrige	17	33	62	71	98
	41	65	110	173	442

Quelle: BAMF

Die Hälfte der Asylsuchenden stammt aus dem Nahen Osten, vorrangig aus Syrien. Ins Auge fällt die große Gruppe aus den Balkanstaaten. Hier hat die Sogwirkung der Balkanroute ihre Wirkung getan. Die Zahl der Asylsuchenden aus dem Balkan hat sich in 2015 vervierfacht. Kriegerische Ereignisse haben diese Menschen nicht zum Verlassen ihrer Heimat veranlasst, sondern die Hoffnungen auf ein besseres Leben in Deutschland.

Für die Vorjahre kann man den Zugang an Asylbewerbern mit dem der Flüchtlinge größenordnungsmäßig gleichsetzen. Für die zweite Hälfte des

Jahres 2015 ist dies nicht mehr möglich. Deutschland wurde von den Flüchtlingsmassen überschwemmt. Auskunft hierüber gibt das System über die Ersterfassung der Asylbegehrenden (EASY).

EASY-Ersterfassungen und Asylanträge 2015 (Erstanträge)
Januar bis April 2016 (in Tsd.)

	EASY	Asylanträge
2015		
Januar-Mai	170	145
Juni	55	33
Juli	80	35
August	105	34
September	162	40
Oktober	180	53
November	210	56
Dezember	<u>130</u>	<u>46</u>
	<u>1092</u>	<u>442</u>
2016		
Januar	90	50
Februar	60	70
März	21	58
April	16	60

Ein derartiger Flüchtlingsansturm ist in der EU singulär. Nur Deutschland kennt ihn. Die Zahlen für 2016 zeigen gleichzeitig den Rückgang, nachdem im März 2016 die Balkanroute geschlossen worden ist.

Aus der Tabelle kann man gleichzeitig erkennen, dass das BAMF in 2015 immer weniger dem Ansturm der Asylsuchenden gewachsen war (und gewachsen sein konnte). Es wurden sehr viel weniger Asylanträge entgegengenommen, als Flüchtlinge in EASY erfasst worden sind. Außerdem hat sich die Zahl der insgesamt anhängigen, noch nicht entschiedenen Verfahren zum 31.12.2015 auf 365 Tsd. erhöht (31.12.2014: 169 Tsd.).

Deutschland übt sicherlich als wirtschaftlich prosperierendes Land auf Asylsuchende Anziehungskraft aus. Aber auch die anderen west- und nordeuropäischen Staaten sind wirtschaftlich vergleichsweise stark. Entscheidend dürften Asylpolitik der Staaten und die Grundeinstellung sein, die die Länder und ihre Bevölkerungen den Flüchtlingen entgegenbringen. Hier ragt Deutschland zusammen mit Schweden heraus. Die Offenheit der Länder zeigt sich in der Bereitschaft, die Ankommenden menschenwürdig zu behandeln, sie angemessen unterzubringen und mit dem Notwendigsten zu versorgen.

Noch wichtiger ist die Zukunftsperspektive, nämlich den Flüchtlingsstatus anerkannt zu erhalten, auf jeden Fall möglichst nicht abgeschoben zu werden. Ein Hinweis auf die unterschiedliche Attraktivität der Länder können die Schutzquoten bieten. Sie geben an, zu welchem Anteil die Asylanträge Erfolg gehabt haben. Während sich die Schutzquote für Deutschland in 2015 auf 55 % stellte, betrugen sie für Frankeich 28 % und für Spanien 32 % (Quelle: Eurostat erstinstanzliche Entscheidungen).

Für die Zukunftsperspektive sind die Chancen wesentlich, Asyl auch tatsächlich zu erhalten. Die Tabelle übe die Asylentscheidungen gibt hierüber Auskunft.

Asylentscheidungen 2015 in Deutschland (in Tsd.)

Herkunftsland	zus.	als Flüchtling anerkannt	subsidiär. Schutz	Abschiebungs- verbot	Schutzquot. %
Syrien	106	101	0	1	96,0
Afganistan	6	2	0	1	47,6
Irak	<u>17</u>	15	1	0	88,6
	<u>129</u>				
Albanien	36	0	0	0	0,2
Kossovo	30	0	0	0	0,4
Serbien	22	0	0	0	0,1
Mazedonien	<u>8</u>	0	0	0	0,5
	<u>96</u>				
Eritrea	10	9	0	0	92,1
übrige	<u>48</u>	<u>10</u>	<u>1</u>	<u>0</u>	
	<u>283</u>	<u>137</u>	2	2	

Quelle: BAMF

In 2015 hat das BAMF gerade über 283 Tsd. Asylanträge entschieden. Erfolgreich waren mit ihren Anträgen weitgehend die Flüchtlinge aus den Bürgerkriegsgebieten Syrien, Irak und Eritrea. Die weitgehende Anerkennung dieser Flüchtlinge als Flüchtlinge im Sinn der Genfer Flüchtlingskonvention spricht für eine sehr weitherzige Auslegung der Konvention. Die Mehrzahl der Flüchtlinge aus diesen Regionen wollte den Schrecken der Bürgerkriege entfliehen, dürfte aber nicht z.B. wegen ihres individuellen Glaubens oder ihrer politischen Einstellung verfolgt worden sein. Subsidiärer Schutz dürfte ihnen aber in jedem Fall zugestanden haben (s. Näheres im Anhang B Die Rechtsgrundsätze des Asyl-Regimes). Afghanistan nimmt eine Mittelstellung ein. Praktisch keine Anerkennung fanden die Migranten aus dem Balkan.

Wird den Flüchtlingen ein Aufenthaltsrecht in Deutschland versagt, haben sie Deutschland zu verlassen. Gehen sie nicht freiwillig, sind sie abzuschieben. Nach einem Bericht der Bundesregierung vom 17. Februar 2016 sind in 2015 37 Tsd. freiwillig zurückgekehrt (2014: 14 Tsd.), 22 Tsd. sind abgeschoben worden (2014: 14 Tsd.). Selbst wenn man unterstellt, dass die genannten Zahlen ausschließlich Flüchtlinge betreffen, sie stehen in einem krassen Missverhältnis zu der Zahl der abgelehnten Asylbewerber. Die gesamte Asylgesetzgebung wird damit im Ergebnis konterkariert. Der Grund liegt in dem, was die Bürokratie mit dem Begriff „Vollzugsdefizit" belegt.

Die Durchführung von Rückführungen und Abschiebungen ist primär Ländersache. Hier kommen die Länder, abhängig von der politischen Zusammensetzung der jeweiligen Regierung, ihren Verpflichtungen offensichtlich nicht oder nur sehr verhalten nach. Nach dem Koalitionsvertrag Rheinland-Pfalz 2011-2016 zwischen SPD, GRÜNE und FDP wird zum Beispiel Abzuschiebenden unter großzügigen Voraussetzungen ein Bleiberecht zugesprochen. Es heißt weiter „Eine Rückkehr in Würde und mit der Möglichkeit einer eigenständigen, gegebenenfalls geförderten Rückkehr in das Herkunftsgebiet ist der Vorrang vor Zwangsmaßnahmen zu geben" (Abschnitt Humanität in der Flüchtlings- und Asylpolitik). Außerdem ist es offensichtlich nicht schwierig, sich der Abschiebung durch Untertauchen zu entziehen, lebt man in entsprechenden Netzwerken. Auch Krankheit kann vor Abschieben schützen.

Deutschland haben die Flüchtlinge zu Recht als ein für sie äußerst attraktives Land angesehen. Hat ein Flüchtling erst einmal seinen Fuß auf deutschen Boden stellen können, hat er hohe Chancen zu bleiben.

6. Die Grenzöffnung am 4. September 2015

Eine Zuspitzung und Dramatisierung erhielt die Flüchtlingskrise durch die Grenzöffnung am 4. September 2015.

Anlass für die Entscheidung der Grenzöffnung waren Tausende von Flüchtlingen, die sich in Budapest gesammelt hatten. Sie verlangten die Weiterreise nach Österreich mit dem Ziel Deutschland. Die Situation in

Budapest drohte zu eskalieren. Die Flüchtlinge kampierten unter menschenunwürdigen Bedingungen in und um den Budapester Bahnhof Keleti. An einer Weiterreise nach Österreich wurden sie gehindert. 2000 Flüchtlinge machten sich ausgehungert, erschöpft, verzweifelt zu Fuß auf den Weg Richtung Norden. Orban, der ungarische Ministerpräsident, wollte für diese Situation nicht mehr verantwortlich sein. Mit Angela Merkel und dem damaligen österreichischen Bundeskanzler Werner Faymann verständigte er sich auf eine - unkontrollierte – Weiterreise der Flüchtlinge nach Österreich und Deutschland. Die Grenzen waren offen.

Die Grenzöffnung erschien wie eine Erlösung. Die Grenzöffnung am 4. September 2015 war die Flucht nach vorn. Die deutsche Öffentlichkeit feierte die deutsche *Willkommenskultur* und mit ihr ihre Protagonistin Angela Merkel.

Die Grenzöffnung verstärkte den Flüchtlingsstrom weiter, wie die sprunghaft ansteigenden Flüchtlingszahlen im Herbst 2015 bezeugen. Die Worte Angela Merkels, mehr noch Bilder haben unzähligen Flüchtlingen Hoffnung auf eine bessere Zukunft in Deutschland gegeben. Es waren die Selfies von Angela Merkel mit Flüchtlingen, die Bilder vom Empfang der Flüchtlinge in Deutschland. Diese haben die Menschen veranlasst, nicht selten unter Einsatz ihrer letzten Mittel den mühseligen und gefährlichen Weg nach Deutschland zu wagen. In den Netzwerken, so berichtet Mohamed Amjahid, machten Bilder von Angela Merkel die Runde mit Kommentaren wie „Sie ist unsere Retterin" oder „Eine Merkel ist besser als all unsere Präsidenten und Könige zusammen" (in Anja Reschke S. 99ff). Schlagzeilen in den Medien bekräftigten die deutsche *Willkommenskultur* wie „Merkel: Deutschland ist stark genug, um Flüchtlinge aufzunehmen" (Al Jazeera), „Mama Merkel empfängt ihre neuen Kinder in Berlin" (Huffington Post Arabisch).

Wolfgang Schäuble kommentierte auf dem Höhepunkt der Flüchtlingsankünfte am 11. November 2015 genauso treffend wie kritisch: „Lawinen kann man auslösen, wenn irgendein etwas unvorsichtiger Skifahrer an den Hang geht und ein bisschen Schnee bewegt". Weiter: „Ob wir schon in dem Stadium sind, wo die Lawine unten im Tal angekommen ist, oder ob wir in dem Stadium im oberen Ende des Hangs sind, weiß ich nicht" - (zitiert nach SPIEGEL ONLINE vom 12.11.2015).

7. Der Zusammenbruch des Grenzregime (Dublin III)

Der über Europa hereinbrechende Flüchtlingsstrom ließ das Grenzregime für den Schengenraum (Dublin III), eine der bedeutsamsten Errungenschaften der EU, zusammenbrechen.

Der Schengenraum umfasst sämtliche EU Staaten mit Ausnahme von England und Irland, die sich dem Schengenraum nicht angeschlossen haben. Im Schengenraum sind die Kontrollen an den Binnengrenzen gefallen. Menschen können sich ungehindert von einem Ort des Schengenraums zum anderen bewegen. Der Warenverkehr läuft ungehindert über die Binnengrenzen.

Werden die Binnengrenzen nicht mehr kontrolliert, liegt die Kontrolle ausschließlich an den Außengrenzen. Für die Kontrolle der Außengrenzen sind im Schengenraum die jeweiligen Grenzstaaten zuständig, unterstützt von Frontex, der europäischen Grenzschutzagentur. Das hat bedeutet, die Flüchtlinge auf der östlichen Mittelmeerroute trafen auf die griechische Außengrenze, die Flüchtlinge auf der mittleren Mittelmeerroute auf die italienische Außengrenze.

Nach der Dublin III Verordnung ist jeder Flüchtling bei seiner Einreise zu registrieren. Er darf seinen Asylantrag nur in *einem* Staat stellen, und zwar in dem Staat, in den er erstmals in den Schengenraum einreist. Reist ein Flüchtling ohne Registrierung in ein anderes Mitgliedsland illegal weiter, kann dieses Land den Flüchtling an seiner Grenze zurückweisen oder die Rücküberstellung in den zuständigen Staat verlangen. Ein Mitgliedsland kann aber auch von sich aus den Asylantrag annehmen (Selbsteintritt).

Das überforderte Griechenland hatte schon die über die Ägäis anlandenden Flüchtlinge unkontrolliert durchgelassen. Die Flüchtlinge zogen ungehindert weiter nach Norden. Durch die Grenzöffnung am 4. September 2015 war dann der Weg nach Österreich und Deutschland frei. Unkontrolliert gelangten hunderttausende Flüchtlinge in den Schengenraum.

Die Außengrenzen des Schengenraums waren gefallen! Die Dublin III Verordnung war nur noch Makulatur.

III. Angela Merkels Flüchtlingspolitik

1. Angela Merkels Flüchtlingskonzeption

Seit Juni 2015 war der Flüchtlingsstrom immer mehr angeschwollen. Mitte August 2015 korrigierte das Bundesinnenministerium die Zahl der zu erwartenden Flüchtlinge von 430 000 auf 800 000. Deutschland verlangte eine Antwort auf die Frage, wie dieser Ansturm bewältigt werden könnte. Am 31. August 2015 auf der Sommerpressekonferenz legte Angela Merkel ihr Konzept dar. Es beinhaltete drei entscheidende Grundsätze:

Alle Flüchtlinge werden uneingeschränkt aufgenommen.

Nach Aufnahme wird ihr Asylbegehren geprüft. Schutz verdienen die politisch Verfolgten wie die Flüchtlinge aus Bürgerkriegsgebieten. Diese, insbesondere die Flüchtlinge aus Syrien, haben eine hohe Perspektive, „hier zu bleiben“. Sie sind in Deutschland „willkommen“. Andere Asylsuchende, insbesondere aus dem Balkan, haben eine geringe „Bleibe-Perspektive“. Sie sind nach entsprechender Entscheidung ihres Asylantrages zurückzuführen.

Die Lasten, das sind die Flüchtlinge, müssen in Europa solidarisch mit einem Quotensystem verteilt werden.

Angela Merkel ist sich bewusst gewesen, dass diese ihre Flüchtlingspolitik hohe Leistungen und viel Geld beanspruchen wird. Doch für Deutschland gilt: „Wir haben so vieles geschafft – wir schaffen das!“ Am 31. August 2015 hat Angela Merkel zum ersten Mal ausgesprochen, was zum geflügelten Wort werden sollte.

Für ihre Politik berief sich Angela Merkel auf die „Humanität unseres Grundgesetzes“. Dieser Grundsatz der Humanität verlange Schutz für die politisch Verfolgten wie auch für all die, „die aus Kriegen zu uns fliehen“. Die Achtung der Menschenwürde, der zweite für Angela Merkel maßgebliche Grundsatz, fordere, jedem Flüchtling die Möglichkeit zu gewähren, sein Asylbegehren vorzutragen, wie gering seine Chancen auf Asyl auch sein mögen. Das heißt, alle Flüchtlinge sind erst einmal aufzunehmen. Europa als Hort der universellen Bürgerrechte müsse gemeinsam die Verantwortung für die asylbegehrenden Flüchtlinge tragen.

Auf die Situation der Türkei ging Angela Merkel erst auf Nachfrage ein: Sie schätze die Leistungen der Türkei hoch ein, die über zwei Millionen Flüchtlinge aus Syrien aufgenommen habe. Die gegenwärtige Situation zeige, „dass die Türkei in gewisser Weise an der Grenze dessen gelangt ist, was sie selbst bewältigen kann“. Dass der eine Staat – die Türkei – die Flüchtlinge durchlasse, der Nächste – Griechenland – sie seinerseits durchlasse, damit sie dann den Westbalkan gen Norden durchwanderten, sei nicht „zufriedenstellend“. „Kameradschaftlich und freundschaftlich“ werde man mit der Türkei darüber sprechen.

Der politisch bestimmten Öffnung der Türkei als Transitland dürfte sich Angela Merkel bewusst gewesen sein. Aber näher auf diesen entscheidenden Grund des anschwellenden Flüchtlingsstroms einzugehen, vermied sie. Angreifen konnte sie die Türkei deswegen nicht. Die Flüchtlinge zogen ja freiwillig nach Europa. Außerdem war Europa auf die Hilfe der Türkei für die Lösung der Flüchtlingskrise angewiesen. Auch hätte Angela Merkel die Frage beantworten müssen, warum sich Deutschland wie das übrige Europa Jahre lang gegenüber den Millionen Flüchtlingen in der Türkei, im Libanon und in Jordanien mit Weggucken begnügt hatten, statt wirksam zu helfen.

Die am 31. August 2015 dargestellte Konzeption gibt den Kern der Flüchtlingspolitik von Angela Merkel wieder mit den Forderungen:

Keine Grenzschließungen, jeder Flüchtling hat das Recht, erst einmal
kein Stacheldraht   aufgenommen und angehört zu werden

Keine Obergrenzen   unser Wertsystem verbietet jede zahlenmäßige
                        Beschränkung der anzuerkennenden
                        Flüchtlinge

Europäische Lösung   die Flüchtlingsströme bedrängen alle
                             europäischen Staaten. Nur gemeinsam können
                             sie in einem Raum ohne Binnengrenzen
                             (Schengen) die Flüchtlingssituation lösen.

Auf über 16 Mio. war die Zahl der Menschen in 2015 angewachsen, die aus ihren Heimatländern geflohen waren. Die meisten dieser Menschen stammten aus dem Nahen Osten und den Ländern Afrikas, Gebieten nahe genug zu Europa, um sich dorthin auf den Weg zu machen. Wollte Angela Merkel wirklich all diesen Menschen Zuflucht in Europa gewähren, wenn sie dies dann verlangten? Begrenzungen, Kontingente für Flüchtlinge hat sie bis zuletzt abgelehnt.

2. Die europäische Flüchtlingspolitik und ihr Scheitern

Angela Merkel war sich bewusst, dass die Flüchtlingskrise nur gemeinsam auf europäischer Ebene gelöst werden konnte. Ihr Ziel war es daher, möglichst viel ihrer Flüchtlingskonzeption Teil der europäischen Flüchtlingspolitik werden zu lassen.

In ihrer Regierungserklärung vom 24. September 2015 stellte Angela Merkel aus ihrer Sicht die Grundlinien der gemeinsamen europäischen Flüchtlingspolitik dar.

Wesentliches Ziel war, an den Außengrenzen der EU die Kontrolle über die Flüchtlingsströme wieder zurückzugewinnen. Als zentrales Mittel sollten hierfür effektiv arbeitende Aufnahmezentren („Hotspots") an den Außengrenzen aufgebaut werden. Deren erste Aufgabe sollte es sein, die Flüchtlinge zu registrieren, später auch, über die Asylgesuche zu entscheiden, die anerkannten Flüchtlinge auf die Mitgliedsstaaten zu verteilen und die übrigen Flüchtlinge zurückzuführen. Diese Maßnahmen sollten im Ergebnis dazu dienen, der Dublin III Verordnung wieder Geltung zu verschaffen.

Gleichzeitig sollte die Zusammenarbeit mit der Türkei verstärkt werden. „Wir werden nur gemeinsam mit der Türkei unsere Außengrenzen sichern können" – so Angela Merkel.

Weiter sollte Druck von den Flüchtlingen genommen werden, sich überhaupt nach Europa auf den Weg zu machen. Zur Verbesserung der Lebensbedingungen der Flüchtlinge sollten die bisherigen Aufnahmestaaten finanzielle Unterstützung erhalten.

Als weiteres Ziel war ausgegeben, die Ursachen der Flüchtlingsströme zu bekämpfen. An erster Stelle heißt das, den Bürgerkrieg in Syrien zu beenden. Hier pflegt die EU eine ihrer vielen Illusionen. Auf die Kriegsparteien in Syrien und die dahinter stehenden Staaten einzuwirken, verlangen großes politisches Gewicht wie die Bereitschaft, erforderlichenfalls „hard power" einzusetzen. Die in sich uneinige EU besitzt weder das eine noch das andere. Allein die USA und Russland können den entsprechenden Einfluss ausüben. Die EU Staaten sind auf dem syrischen Kampfplatz Randfiguren.

Ein wesentliches Ziel von Angela Merkel war, eine faire Lastenverteilung innerhalb Europas zu erreichen. Sie konnte in ihrer Regierungserklärung vom 24. September 2015 berichten, dass die Innen- und Justizminister zwei Tage zuvor die Umverteilung von 120 000 Flüchtlingen beschlossen hatten. Sie forderte gleichzeitig nicht nur eine punktuelle Umverteilung, sondern ein dauerhaftes Verfahren für eine faire Verteilung der Flüchtlinge.

Diese Flüchtlingspolitik scheiterte völlig.

2.1. Keine gemeinsame Lastenverteilung in Europa

Der eine Kern der europäischen Flüchtlingspolitik war die Lastenverteilung innerhalb der EU.

Am 14. September 2015 hatten sich die Innen- und Justizminister der EU auf eine Umverteilung von 40 000 Flüchtlingen geeinigt. Am 22.

September 2015 beschlossen die Minister, weitere 120 000 Flüchtlinge umzuverteilen, also insgesamt 160 000 Flüchtlinge. Sieben Monate später ließ sich nur feststellen, gerade knapp über eintausend Flüchtlinge waren umverteilt (Stand 13.4.2016: 1 145). Schon der Beschluss der Innen- und Justizminister am 22. September 2015 war nicht einstimmig gefasst worden. Vier osteuropäische Länder (Slowakei, Tschechien, Ungarn, Rumänien) hatten dagegen gestimmt. Über den Verteilungsmodus hatte man keine endgültige Einigung erzielen können. Es bestanden somit keine verbindlichen Quoten.

An der minimalen Zahl der umverteilten Flüchtlinge ließ sich sehr bald erkennen, die europäischen Staaten waren nicht bereit, anderen Mitgliedern Flüchtlinge in nennenswerter Zahl abzunehmen. Der französische Ministerpräsident Valls machte die Stellung seines Landes unmissverständlich klar. Am Rande der Münchner Sicherheitskonferenz am 13. Februar 2016 sagte er, Frankreich werde über die 30 000 Flüchtlinge aus dem Umverteilungsbeschluss vom 22. September 2015 keine weiteren Flüchtlinge akzeptieren. Die Lösung der Flüchtlingskrise liege an den Außengrenzen der EU.

Der Umverteilungsbeschluss hatte im Übrigen ein entscheidendes Grundproblem offen gelassen: Würden die Flüchtlinge ihre Umverteilung überhaupt akzeptieren? Würden sie nicht nach erfolgter Umverteilung wieder den Weg zurück suchen z.B. nach Deutschland, dem Hauptziel der meisten Flüchtlinge? Oder sollten die gegen ihren Willen umverteilten Flüchtlinge in Lagern zwangsweise festgehalten werden? Ohne Klarheit in dieser Frage war jede Umverteilung auf Sand gebaut. Angela Merkel hat hierzu geschwiegen.

Die EU Staaten mit Frankreich an der Spitze lehnten klar Angela Merkels europäische Flüchtlingsdoktrin ab. Ein größerer Zuzug von Flüchtlingen kam für sie in ihrer Mehrheit nicht in Betracht. Angela Merkels Forderung nach Teilung der Flüchtlingslasten in Europa erfuhr kalte Ablehnung.

Die Umverteilung der Flüchtlinge innerhalb der EU Staaten war gescheitert. Damit war der Kern der Flüchtlingskonzeption von Angela Merkel getroffen.

2.2. Keine Stabilisierung der Außengrenzen

Der andere Kern der europäischen Flüchtlingspolitik war, die Außengrenzen der EU zu stabilisieren und damit den in Griechenland ankommenden Flüchtlingsstrom in den Griff zu bekommen.

Leistungsfähige Aufnahmezentren („Hotspots") sollten auf den griechischen Inseln geschaffen werden. Das Personal sollte auch mit Hilfe anderer EU Staaten verstärkt werden. Die Kapazitäten von Frontex sollten erweitert, Frontex neue zusätzliche Befugnisse eingeräumt werden.

Die Zusammenarbeit mit der Türkei sollte verstärkt werden, um insbesondere die Seegrenze zwischen der Türkei und Griechenland besser zu sichern und das Schleuserwesen zu bekämpfen. Angesichts des stetig wachsenden Flüchtlingsstroms rückte immer mehr das Ziel in den Vordergrund, die Zahl der Flüchtlinge einzudämmen. EU-Ratspräsident Donald Tusk und der Präsident der Kommission Jean-Claude Juncker formten in diesem Sinn immer stärker die Flüchtlingspolitik der EU. Auch Angela Merkel bekannte sich zu diesem Ziel. Wie dieses Ziel mit der von ihr propagierten *Willkommenskultur* zu vereinbaren war, dazu hat sie sich nie erklärt.

Von Anfang an hatte insbesondere Angela Merkel auf eine Kooperation mit der Türkei gedrängt. Als erste der führende Repräsentanten der EU Staaten flog sie am 18. Oktober 2015 nach Ankara, um mit Präsident Erdogan die Grundzüge einer Zusammenarbeit zu erörtern. Sie beendete damit die Periode der politischen Ausgrenzung Erdogans in Europa. Ihr letzter Besuch im Februar 2013 hatte über zwei Jahre zurückgelegen. Über die scharfe Kritik insbesondere von Menschenrechtsvertretern an ihrer Reise im Oktober 2015 setzte sich Angela Merkel hinweg.

Das Verhältnis zur Türkei entwickelte sich immer mehr zur Schlüsselfrage. Am 30. November 2015 einigten sich die EU und die Türkei auf einen gemeinsamen Aktionsplan. Hiernach verpflichtete sich die EU, der Türkei unverzüglich und dauerhaft humanitäre Unterstützung zu leisten. Hierfür sagte die EU „einen ersten Betrag" von 3 Mrd. € zu, um die Situation der Flüchtlinge in der Türkei zu verbessern. Die Türkei ihrerseits erklärte im Gegenzug, die Grenzen zur EU besser zu schützen und die Schleuserkriminalität effektiver zu bekämpfen. Zum gemeinsamen Ziel wurde erklärt, die Migrationssteuerung zu intensivieren und den Zustrom irregulärer Migranten einzudämmen. Migranten, die keines internationalen Schutzes bedürften, sollten an der Einreise in die EU gehindert werden. Das Rückführungsabkommen der EU mit der Türkei sollte ab Juni 2016 voll zur Anwendung kommen.

Gleichzeitig erklärten EU und die Türkei, den Beitrittsprozess wieder aufnehmen zu wollen, die EU versprach, die Visaliberalisierung für türkische Staatsangehörige zu beschleunigen.

Die beschlossenen Maßnahmen stoppten den Flüchtlingsstrom nicht. „Hotspots" auf den griechischen Inseln wurden eingerichtet. Aber weder reichte ihre Zahl aus noch arbeiteten sie effizient genug. Der Aktionsplan mit der Türkei war kein verbindliches Dokument. Seine Umsetzung verzögerte sich, soweit sie überhaupt in Angriff genommen wurde. Die von der EU versprochenen 3 Mrd. € flossen nicht

Insbesondere ließ sich die Seegrenze zwischen Griechenland und der Türkei nicht sichern. Nach langjähriger Erfahrung mit Seegrenzen war nichts anderes zu erwarten. Die langen, oft zerklüfteten Küsten wie die unzähligen Inseln auf türkischer wie auf griechischer Seite machen seeseitig eine umfassende Kontrolle unmöglich. Schlauchboote auf der See ausfindig zu machen, ist ein Glücksfall. Werden Boote in griechischen Hoheitsgewässern aufgegriffen, dürfen die Flüchtlinge nach EU Rechtslage nicht zurückgeschickt werden. Nur in türkischen Hoheitsgewässern aufgebrachte Boote können nach der Türkei repatriiert werden. Schleppern mit Kenntnis der örtlichen Gegebenheiten (und vielleicht auch der dortigen Beamten) bieten sich genügend Spielraum, die Kontrollen zu unterlaufen. Eine eindringliche Schilderung der Situation durch eine Sprecherin der Frontex lässt sich auf dem griechenland-blog.gr/2016/01/ nachlesen.

Die Versuche, die Außengrenze der EU gegenüber der Türkei zu stabilisieren, waren gescheitert. Der Flüchtlingsstrom war nicht eingedämmt.

3. Die Grenzschließungen/Vertrag EU – Türkei vom 18. März 2016

Da die bisherige EU Flüchtlingspolitik keinen Erfolg zeigte, der Flüchtlingsstrom nicht abriss, griffen europäische Staaten zum altbewährten, wirksamsten Mittel, der Grenzschließung.

Will ein Staat Flüchtlinge abwehren, gibt es nur eine Möglichkeit, er schließt seine Grenzen. Versuchen Flüchtlinge illegal die Grenze zu überschreiten, hilft nur Stacheldraht. Staaten mit „blauen" Grenzen, also Meeresanrainer, haben diese Möglichkeit nicht. Wollen sie die Flüchtlingsboote nicht in die offene See abdrängen und damit die Flüchtlinge oft dem Tod preisgeben, sind sie darauf angewiesen, mit den gegenüber liegenden Staaten Sicherungsvereinbarungen zu schließen (Abschottung der Küstengebiete, Rückübernahme von Flüchtlingen).

Spanien hat diesen Weg schon lange mit Erfolg beschritten. Mit Algerien und Marokko hat es Sicherungsabkommen geschlossen. Seine Enklaven auf der marokkanischen Seite, Ceuta und Melilla, hat es mit Stacheldrahtzäunen abgeschottet. Spanien kennt kein Flüchtlingsproblem. Bis zur internationalen Militärintervention in 2011 hatte Libyen sein Land für Flüchtlinge ebenfalls gesperrt (italienisch-libysches Abkommen vom 30. August 2008).

Die von den Flüchtlingsströmen auf der Balkanroute überschwemmten Länder griffen zu dem Mittel der Grenzschließung, als sie der Flüchtlingsströme nicht mehr Herr wurden und die Bevölkerungen weitere Flüchtlinge nicht mehr akzeptierten.

Ungarn handelte als erstes Land. Mitte September 2015 war die Grenze zu Serbien mit Stacheldrahtzäunen geschlossen, Mitte Oktober die zu Kroatien. Der Weg durch Ungarn war den Flüchtlingen versperrt. Der ungarische Ministerpräsident Orban rechnete zu recht damit, die von Angela Merkel ausgerufene *Willkommenskultur* würde die Flüchtlingsströme weiter anschwellen lassen, die ungarische Bevölkerung würde aber auf die Dauer nicht bereit sein, weitere Flüchtlinge zu akzeptieren. Auch gab er sich keiner Illusion hin, dass etwa Angela Merkel ihre Politik fürs Erste ändern würde. Von der EU erwartete er keine Hilfe. Also schuf er Fakten.

Es sollte noch einige Monate dauern, bis auch die übrigen Balkanstaaten die Richtigkeit der Orban`schen Politik akzeptierten. In der Zwischenzeit hatte Schweden, das mit Deutschland flüchtlingsfreundlichste Land, im November 2015 seine Asylgesetze verschärft. Ab Anfang 2016 führte es wieder Grenzkontrollen ein. Der Flüchtlingsdruck war zu groß geworden. Dänemark schloss sich an. Die Flüchtlingsströme gen Norden ebbten weitgehend ab.

Nachdem Ungarn seine Grenzen geschlossen hatte, verlagerten sich die Flüchtlingsströme auf die Serbien Route. Sie rissen nicht ab, verstärkten sich vielmehr. Der Druck in den noch offenen westlichen Balkanstaaten wuchs. Die Spannungen zwischen den Ländern nahmen zu. Es kam zu partiellen Grenzkonflikten, so von Serbien mit Kroatien im Norden wie mit Mazedonien im Süden. Österreich, bisher an der Seite Angela Merkels stehend, änderte seine Politik radikal. Unter seiner Leitung berief es am 24. Februar 2016 die Westbalkankonferenz in Wien ein.

An der Konferenz nahmen teil die EU Staaten Österreich als Gastgeber, Bulgarien, Kroatien und Slowenien sowie außerdem Albanien, Bosnien-Herzegowina, Kosovo, Mazedonien, Montenegro und Serbien. Nicht geladen waren Deutschland und Vertreter der EU, außerdem Griechenland. In den Augen der Gastgeber waren weder von Deutschland noch von der EU Lösungen zur Flüchtlingskrise zu erwarten. Ziel der Konferenz war, eigenständig den Flüchtlingsstrom einzudämmen, um damit auch gleichzeitig den Druck auf die EU zu verstärken. Das Ergebnis war die Schließung der Balkanroute.

Was Ungarn Mitte September 2015 für seine Grenzen durchgeführt hatte, galt jetzt für den gesamten Balkan. Die Grenzen waren abgeriegelt, der Balkan den Flüchtlingen verschlossen.

Damit war das Problem auf Griechenland verlagert. Am Grenzübergang Idomeni nach Mazedonien versammelten sich bald bis zu 14 000 Flüchtlinge. Insgesamt stauten sich im März 2016 in Griechenland über 40 000 Flüchtlinge.

Das Problem Griechenland wurde durch die Vereinbarung der EU mit der Türkei vom 18. März 2016 gelöst. Den Durchbruch hatte das Angebot der Türkei vom 7. März 2016 gebracht, jeden auf griechischen Inseln gestrandeten Flüchtling zurückzunehmen. Wohl erklärte sich die EU bereit, für jeden zurückgenommenen Flüchtling einen anderen Flüchtling umzusiedeln. Doch der Anreiz zum Übersetzen über die Ägäis war damit genommen. Dieser Flüchtling wurde in die Türkei zurückgeschickt ohne Aussicht auf Zugang in die EU. Damit war der Weg für eine umfassende Lösung frei.

Die Kernpunkte der Vereinbarung vom 18. März 2016 mit der Türkei sind:

Von Seiten der Türkei:

Die Türkei verpflichtet sich, die illegale Migration von der Türkei in die EU auf allen See- und Landrouten zu verhindern.
Alle irregulären Migranten, die ab dem 20. März 2016 auf die griechischen Inseln gelangen, nimmt die Türkei zurück, soweit nicht im Einzelfall ein berechtigter Asylgrund geltend gemacht werden kann. Für jeden rückgeführten Syrer wird ein anderer Syrer in der EU neu angesiedelt. Die Neuansiedlung wird auf 72 000 Flüchtlinge begrenzt.

Von Seiten der EU:

Die EU bestätigt ihre schon eingegangene Verpflichtung, 3 Mrd. € an die Türkei zur Unterstützung deren Flüchtlingspolitik zu zahlen. Die EU verpflichtet sich außerdem, nach Ausschöpfung der zugesagten 3 Mrd. € bis Ende 2018 weitere 3 Mrd. € zur Verfügung zu stellen.
Die Visaliberalisierung wird beschleunigt mit dem Ziel, bis Ende Juni 2016 die Visumspflicht für türkische Staatsangehörige zu beenden.
Der EU Beitrittsprozess der Türkei wird neu belebt.

Mit ihren Verpflichtungen hat die Türkei ihre See- und Landgrenzen für Flüchtlinge wieder geschlossen und damit den Zustand wiederhergestellt, der bis zu ihrer Öffnung als Transitland in 2015 bestanden hatte. Damit hat die EU ihre „blauen" Grenzen bis auf Libyen wieder gesichert.

Erdogan, der türkische Präsident, hat seine politischen Ziele vollständig erreicht, die er mit der Öffnung seines Landes als Transitland anstrebt hatte.

Angela Merkel hat den Vertrag vom 18. März 2016 damit verteidigt, Ziel sei gewesen, „sehr schnell die Illegalität" – also das unkontrollierte Übersetzen über See – „zum Erliegen zu bringen" (Regierungserklärung vom 16. März 2016). Das bedeutet nichts anderes, als der Beendigung des Flüchtlingsstroms Vorrang vor allen anderen Zielen einzuräumen. Die von Angela Merkel früher beschworenen europäischen Werte spielten keine Rolle mehr. An die *Willkommenskultur* erinnerte nur noch ihre Bemerkung in der Regierungserklärung, die getroffene Vereinbarung solle durch freiwillige Kontingente ergänzt werden, die die europäischen Mitgliedsstaaten übernähmen - ein in der EU illusionäres Trostpflaster.

In ihrer Regierungserklärung vom 16. Dezember 2015 hatte Angela Merkel noch ihr Credo wiederholt „Abschottung ist im 21. Jahrhundert keine vernünftige Option". In ihrer Regierungserklärung am 17. Februar 2016 glaubte sie noch feststellen zu können, alle Maßnahmen auf europäischer Ebene stehen „immer unter der gleichen Überschrift: Die, die Schutz brauchen und suchen, sollen Schutz bekommen".

Mit der Wirklichkeit Europas hatte dies nach dem 18. März 2016 nichts mehr gemein.

IV. Das Versagen Angela Merkels und die Folgen ihrer Politik

1. In Europa

Drei Phasen sind zu unterscheiden:
die Zeit bis zur Öffnung der Türkei als Transitland (Mitte 2015)
die Zeit der Grenzöffnung
die Schließung der Grenzen (Vertrag EU – Türkei vom 18. März 2016)

In der ersten Phase übten sich Deutschland wie Europa im Nicht-Handeln.

In 2011 war der syrische Bürgerkrieg ausgebrochen. Schon 2013 hatten 2,5 Mio. Syrer ihr Land verlassen. 2015 war die Zahl der Flüchtlinge aus Syrien auf 4,9 Mio. angewachsen. Aufnahme fanden sie vornehmlich in ihren Nachbarländern Türkei (Ende 2015: 2,5 Mio.), Libanon (1,1 Mio.) und Jordanien (0,7 Mio.). Diese Länder, insbesondere die wirtschaftlich schwachen Länder Libanon (Einwohner: 5,9 Mio.) und Jordanien (Einwohner: 9,5 Mio.) waren mit diesen Flüchtlingszahlen weit überfordert. Die Flüchtlinge leben weitgehend unter kümmerlichen, teilweise menschenunwürdigen Verhältnissen in Lagern, Dörfern und Städten. Viele der Flüchtlinge haben nicht einmal das Existenzminimum. Sie sind weitgehend auf Versorgung durch das UNO Flüchtlingshilfswerk angewiesen. Doch die internationalen Hilfsprograme waren unterfinanziert. Die Lebensmittelhilfen je Flüchtling mussten gekürzt, in Jordanien 2015 ganz eingestellt werden.

Deutschland wie der gesamten EU waren diese Verhältnisse bewusst. Augenscheinlich war ihnen aber das Elend dieser Menschen gleichgültig. Die europäischen Staaten beruhigten sich offensichtlich in der Annahme, die Flüchtlinge hätten weder die Mittel noch die Kraft, gen Norden aufzubrechen. Die Nachbarstaaten hatten die syrischen Flüchtlinge absorbiert. Sie würden dies auch weiter tun. Die später so beschworenen Grundsätze von Humanität, Menschenwürde und Solidarität waren für Angela Merkel und für die anderen führenden Politiker in ihren abgehobenen Sphären damals Fremdworte.

Hatte das Flüchtlingselend in ihrer Nachbarschaft die führenden Politiker der EU kalt gelassen, so hätten doch zumindest kühle politische Überlegungen sie zum Handel veranlassen müssen. Mit Sicherheit ist anzunehmen, dass die Türkei seit Jahren finanzielle Hilfen gefordert hatte. Sie dürfte zumindest unterschwellig auch mit Folgen gedroht haben. Wie leicht lässt sich darauf hinweisen, dass die Kapazitäten des eigenen Landes erschöpft seien und man deswegen nicht garantieren könne, dass die Flüchtlinge nicht weiter ziehen würden.

Man hat diese Warnungen nicht ernst genommen. Deutschland und die EU hatten infolge der Menschenrechtsverletzungen in der Türkei ihre Beziehungen zur Türkei abkühlen lassen. Diese negativ-wertende Einstellung gegenüber der Türkei hatte offensichtlich den Blick für die politische Bedeutung der Türkei getrübt. Persönlich wurde Erdogan in Europa „geschnitten". Er war nicht mehr der Gesprächspartner Deutschlands, wie er es zu Zeiten Gerhard Schröder einst gewesen war. Eine solche Haltung musste einen so von sich überzeugten Staatsmann wie Erdogan zusätzlich treffen.

Erdogan ergriff die Gelegenheit, die ihm die Millionen Flüchtlinge boten. Er öffnete die Türkei als Transitland und ließ hunderttausende Flüchtlinge nach Europa wandern. Erdogans Ziel war, die Ablehnungsfront Europas aufzubrechen.

Nüchterne Überlegungen hätten diese Entwicklung erkennen lassen müssen. Man ist fassungslos, wie die Politiker Europas Erdogans Entschlossenheit, Rücksichtslosigkeit und Härte derart unterschätzen konnten. Sicherlich haben Ministeriale in Europa ihre warnenden Stimmen erhoben. Eine vorausschauende Politik hätte verlangt, die ach so wohlige Empörungshaltung gegen Erdogan bei Seite zu schieben, auf ihn zu zugehen und von den eigenen Steuerzahlern Milliarden für die Türkei abzufordern. Das eine wie das andere scheute Angela Merkel in trauter Gemeinschaft mit ihren Kabinettsmitgliedern und ihren Kollegen in Europa. In selbstgerechter Selbsttäuschung lebt es sich nun einmal bequemer, insbesondere wenn man sich mit dem von einem selbst gepflegten, gegen Erdogan gerichteten Zeitgeist einig weiß.

Mit mehr Klugheit und Weitsicht hätte die EU die Sicherung ihrer Grenzen gegenüber der Türkei sehr viel früher und mit bedeutend weniger Zugeständnissen erreichen können. Man hätte mit der Türkei, Libanon und Jordanien gemeinsam die Versorgung der syrischen Flüchtlinge als Aufgabe auch der EU ansehen und entsprechend handeln müssen. Millionen Flüchtlinge in diesen Ländern hätte Europa seit Jahren mit einem Teil der Milliarden, die die EU und insbesondere Deutschland später so bereitwillig auszugeben bereit sind, ein menschenwürdiges Dasein ermöglichen können. Dass die Türkei zu einem derartigen Deal bereit gewesen wäre, zeigt der Vertrag vom 18. März 2016. Wolfgang Ischinger, anerkannter Diplomat in deutschen Diensten, hat sich zu diesen Fehlleistungen Europas („Untätigkeit und späte Reaktion") deutlich geäußert (Interview in der Welt vom 18. April 2016).

Doch die europäischen Staatsmänner warteten, bis Erdogan sie zum Handeln zwang, indem er hunderttausende Flüchtlinge über die griechischen Inseln nach Europa ziehen ließ. Mut zur nüchternen vorausschauenden Realitätssicht, Verantwortungsbereitschaft und darauf aufbauende Entschlossenheit auch zu unpopulären Entscheidungen fehlten den führenden Politikern in Europa, voran Angela Merkel.

In der zweiten Phase versuchte Angela Merkel, ihre europäische Flüchtlingsdoktrin in der EU durchzusetzen.

Die zweite Phase begann, als die Hunderttausende von Flüchtlingen auf der Balkanroute nach Norden strömten. Jetzt entdeckte Angela Merkel die Forderungen von Humanität und Solidarität, nachdem sie diese Jahre lang ignoriert hatte. Sie rief die *Willkommenskultur* aus und öffnete am 4. September 2015 die Grenzen. Die Selfies der Flüchtlinge mit der deutschen Bundeskanzlerin trugen diese Verheißung in alle Flüchtlingslager und zu allen Flüchtlingen von der Türkei, dem Libanon bis nach Afghanistan. Und immer mehr Flüchtlinge zogen gen Europa.

Angela Merkel forderte, dass alle EU Mitglieder des Schengenraums Flüchtlinge aufnahmen. Diese weigerten sich. Das Kernstück ihrer europäischen Flüchtlingsdoktrin konnte Angela Merkel damit nicht durchsetzen.

Angela Merkel hat aus Gründen der Humanität für eine Öffnung Europas gegenüber den Flüchtlingen plädiert. In ihrer Politik sah sie die europäischen Werte verkörpert. Fragen nach Machbarkeit und Zumutbarkeit kannte die Merkel'sche Rhetorik nicht – nach dem Motto "Wir schaffen das". Die anderen Staaten der EU waren nicht bereit, Angela Merkel in dieser ihrer uferlosen Flüchtlingspolitik zu folgen. Sie wollen die Souveränität über ihr Land und über die Menschen in ihrem Staat bewahren. Sie wollen daher nach ihren Interessen entscheiden, wen sie aufnehmen und wen nicht. Auferlegte Zuteilungsquoten scheiden für sie aus.

Die Mehrheit der Staaten sah in der Merkel`schen Umverteilungspolitik gleichzeitig den Versuch, die Folgen der einseitigen wie großzügigen deutschen Flüchtlingspolitik zum großen Teil den anderen Staaten aufzubürden. Die deutsche *Willkommenskultur* verbunden mit der Grenzöffnung am 4. September 2015 hatte in den Augen der anderen Staaten erst zu den großen Flüchtlingsströmen geführt. Die deutsche *Willkommenskultur* teilten die anderen Mitgliedsländer nicht, sieht man von Schweden ab. Angela Merkel hat ihre europäische Flüchtlingsdoktrin ohne Abstimmung mit ihren EU Partnern entwickelt. Die *Willkommenskultur* war allein ihr Werk genauso wie die Grenzöffnung am 4. September 2015. Warum sollte jetzt Europa die Folgelasten der einseitigen deutschen, in ihrer Sicht falschen Politik übernehmen?

In mehreren EU Staaten hatten sich außerdem seit langem Europa skeptische, ja feindliche Parteien gebildet so z.B. die Front Nationale (Frankreich), die FPÖ (Österreich) und die Volkspartei der Freiheit (Holland). Deren Erfolg gründete sich insbesondere auch auf ihrer Gegnerschaft zu Migranten aus der islamischen Welt. Die Regierungen dieser Länder mussten eine Stärkung dieser Parteien fürchten, sollten sie sich der offenen Flüchtlingspolitik von Angela Merkel anschließen.

Angela Merkel muss sich der Skepsis ihrer europäischen Partner bewusst gewesen sein. Aus ihren vielen Diskussionen in der EU über die Flüchtlingsfrage musste sie die grundsätzliche Einstellung der übrigen EU Partner kennen. Sie glaubte aber wohl an die Überzeugungskraft ihrer Doktrin. Sie erwartete bei der gemeinsamen Lastentragung auch europäische Solidarität, wie Deutschland sie in ihren Augen in den vielen Euro Krisen beispielhaft bewiesen hatte. Sie war wohl auch von ihrer persönlichen Führungskraft in Europa überzeugt.

Sie täuschte sich. Man kann sich nur fragen, wie Angela Merkel, einer derartig erfahrenen EU Politikerin, eine solche Fehleinschätzung unterlaufen konnte. Oder hat sie diese Risiken bewusst in Kauf genommen. Im Abschnitt „Angela Merkels Kalkül" wird ein Antwort hierauf versucht (S. 55ff).

Die Folgen der Flüchtlingspolitik von Angela Merkel sind für die EU wie für Deutschlands Stellung in der EU fatal.

Die deutsche Flüchtlingspolitik hat Europa gespalten. Die osteuropäischen EU Mitglieder haben sich der von Angela Merkel durchgesetzten Flüchtlingszuteilung mit Erfolg widersetzt. Frankreich, der immer gesuchte Partner, hat die Gefolgschaft versagt. Deutschland hat nicht integriert, sondern der Zerrissenheit Europas ein neues Kapitel hinzugefügt. Die Sorge vor einer zu starken EU ist gewachsen, die in das innere Zentrum der Mitglieder einzugreifen sucht. Das Vertrauen der Menschen in die EU ist weiter geschwächt.

Noch größer dürfte die Sorge vor Deutschland gewachsen sein, vor der Art und Weise seines politischen Handelns. Deutschland hatte seine europäische Flüchtlingsdoktrin ohne Absprache und ohne Rücksicht auf seine europäischen Partner entwickelt. Es hatte den Anspruch erhoben, dass die Partner dieser folgten. Die Doktrin war weitgehend moralisch begründet. Das Wort vom „moralischen Größenwahn" machte die Runde. Die politischen Dimensionen waren weitgehend ausgespart, so insbesondere die Machbarkeit und Zumutbarkeit einer solchen Politik, die Einstellung und Bereitschaft der Bevölkerungen gegenüber den

Flüchtlingen. Nicht wenige Europäer werden sich die Frage stellen: Welches Vertrauen kann man einem Partner entgegen bringen, der so einseitig zu handeln bereit ist, der sich so wenig durch allgemein anerkannte politische Grundsätzen leiten lässt, der seine von ihm ausgewählte moralische Maßstäbe für allgemein gültig erklärt? Ist dies etwa wieder das nicht-rational handelnde, selbstbezogene Deutschland?

Es bleibt nur der Schluss: Angela Merkel hat mit ihrer Flüchtlingspolitik der EU als Institution wie der europäischen Idee und der Stellung Deutschlands in Europa maßgeblich geschadet.

Die dritte Phase ist die Phase der Grenzschließungen.

Ungarn schloss als erster EU Staat seine Grenzen. Unter Führung Österreichs schlossen später die Balkanstaaten die Balkanroute. Die verbliebene offene Flanke Griechenland - und damit den Flüchtlingsstrom aus der Türkei - schloss die EU durch ihren Vertrag vom 18. März 2016 mit der Türkei. Die EU hatte ihre „blaue" Grenze zur Türkei gesichert.

Angela Merkel hatte die vorhergehenden, gegen oder ohne ihren Willen erfolgten Grenzschließungen abgelehnt. Gegen die Schließung der „blauen" Grenze zur Türkei opponierte sie nicht. Im Gegenteil, der Vertrag mit der Türkei war wesentlich auch ihr Werk. Ihre europäische Flüchtlingsdoktrin war lautlos in der Versenkung verschwunden.

Das Scheitern ihrer europäischen Flüchtlingsdoktrin hatte Angela Merkel in eine Zwangslage gebracht. Die EU Partner waren nicht bereit, Flüchtlinge in größerer Zahl aufzunehmen, wenn überhaupt. Die Außengrenzen der EU waren nicht gesichert. Konnten weitere Flüchtlingsströme ungehindert nach Deutschland gelangen, würden diese teilweise in die Nachbarstaaten drängen. Um das zu verhindern, würden diese mit Grenzkontrollen antworten. Der Schengenraum würde zusammenbrechen. Außerdem stellte sich die Frage, ob dann die Deutschen in ihrer Mehrheit wirklich noch bereit waren, die hohen Lasten nicht enden wollender Flüchtlingsströme allein zu tragen. Der Widerstand gegen Angela Merkels Flüchtlingspolitik wuchs auch in Deutschland.

Das einzige Mittel gegen dieses hoch gefährliche Szenario war das Schließen der Grenzen. Angela Merkel akzeptierte diese Konsequenz. Die *Willkommenskultur* war Vergangenheit.

In dieser letzten Phase des europäischen Flüchtlingsdramas hat sich Angela Merkel als reine Realpolitikerin gezeigt. Dies ist die andere Seite von Angela Merkel, die sie ebenfalls auszeichnet und der sie in hohem Maße ihren Erfolg als Politikerin verdankt. Es ist ihre Bereitschaft, mit eiserner Konsequenz zu handeln, wenn sie es für notwendig ansieht, ohne jede Rücksicht auf wen und auf was auch immer.

So radikal der Kurswechsel war, er fand wenig Opposition. Angela Merkel zog es vor, zu dem drastischen Kurswechsel zu schweigen. Auch ihre Unterstützer im links-grünen Parteienspektrum haben zu dem radikalen Kurswechsel geschwiegen. Die überwiegende Mehrheit der Medien akzeptiert im Grundsatz den EU Vertrag mit der Türkei, ohne den Kurswechsel zu problematisieren. Die Erleichterung überwog, den Flüchtlingsstrom beendet zu sehen.

Trotzdem erscheint in der öffentlichen Wahrnehmung Angela Merkel für viele noch immer als die Kanzlerin der *Willkommenskultur*. Von Präsident Obama ließ sie sich bei seinem letzten Deutschlandbesuch im April 2016 feiern, sie stände mit ihrer offenen Flüchtlingspolitik „auf der richtigen Seite der Geschichte". Dass sie schon längst die Seite gewechselt hatte, war Obama anscheinend entgangen.

Offensichtlich möchte Angela Merkel weiter den Mantel von Humanität und Menschenwürde geleiteten Handelns tragen. Parteien und Medien wirken an diesem Bild fleißig mit, hatten sie doch selbst hieran lange mitgestrickt. Dieses Bild lässt Angela Merkel in dem Licht escheinen, in dem die Öffentlichkeit sie sehen soll. Verdeckt wird die Wirklichkeit, die brutale Härte des politischen Handelns von Angela Merkel.

Mit ihrem radikalen Kurswechsel hat Angela Merkel zusammen mit den übrigen EU Mitgliedern die Flüchtlingskrise beendet. Nicht beseitigen konnte Angela Merkel die schwerwiegenden Folgen, die ihre europäische

Flüchtlingsdoktrin der EU als Institution und der Stellung Deutschlands in Europa nachgelassen hat.

Hätte Angela Merkel von Anfang an eine realistische Flüchtlingspolitik zusammen mit der EU verfolgt, hätte es die Flüchtlingskrise nicht gegeben, wie sie von ihr noch angefacht über Europa hereingebrochen ist.

2. In Deutschland

2.1. Aufstieg der AfD

Die herausragende Folge der Merkel`schen Flüchtlingspolitik lässt sich in einem Wort zusammenfassen: Aufstieg der AfD. Die Wahlerfolge der AfD sprechen eine klare Sprache.

Wahlergebnisse der AfD (in %)

2013		**2015**	
Hessen	4,1	Hamburg	6,1
Bundestag	4,7	Bremen	5,5
2014		**2016**	
Sachsen	9,7	Sachsen-Anhalt	24,3
Brandenburg	12,2	Baden-Württemberg	15,1
Thüringen	10,6	Rheinland-Pfalz	12,6
Europawahl	7,1	Mecklenburg-Vorpommern	20,8
		Berlin	14,2

Die 2013 gegründete Partei konnte schon im Jahr ihrer Gründung einen mehr als Achtungserfolg erringen. Sie gewann in der Bundestagswahl im September 2013 einen Stimmenanteil von 4,7 % und scheiterte damit nur knapp an der Sperrklausel von 5 %. Schon ein halbes Jahr später im Mai 2014 konnte sie mit einem Stimmanteil von 7,1 % in das europäische Parlament einziehen. Die ostdeutschen Landtagswahlen im Herbst desselben Jahres bescherten der AfD zweistellige Gewinne, lediglich in Sachsen blieb sie mit 9,7 % knapp unter einem zweistelligen Erfolg.

In den Wahlen zum Bundestag und zum Europaparlament waren es die Europa, insbesondere die Euro kritischen Thesen, die die Menschen die AfD wählen ließen. Die größeren Gewinne der AfD in den ostdeutschen Landesparlamenten waren wesentlich der flüchtlingskritischen Haltung der dortigen Bevölkerung zu verdanken. Die Thesen der AfD fielen hier offensichtlich in dem teilweise fremdenkritischen bis fremdenfeindlichen Milieu auf fruchtbaren Boden.

Die Landtagswahlen in 2015 zeigten, die AfD war auch in Westdeutschland „angekommen" - mit 6,1 % in Hamburg (15.2) und 5,5 % in Bremen (10.5.). Es waren aber noch die Erfolge einer kleineren Splitterpartei. Die Flüchtlingskrise stand im Frühjahr 2015 noch bevor, sie konnte daher die Wahlen noch wenig beeinflussen.

Der Ausbruch der Flüchtlingskrise im zweiten Halbjahr 2015 änderte die Lage dramatisch. Hunderttausende Menschen mit anderer Religion, Lebensauffassung und Kultur drängten nach Deutschland. Die Unsicherheit in der Bevölkerung wuchs. Nicht wenige Menschen sahen ihre soziale Situation wie ihr „Deutschtum" im eigenen Land gefährdet. Sie fremdelten mit den abstrakten Forderungen „allgemein gültiger europäischer Werte". Die *Willkommenskultur* Angela Merkels teilten sie nicht. Sie sahen sich mit dieser Einstellung auch nicht allein, im Gegenteil. Die CSU lehnte die Flüchtlingspolitik Angela Merkels ab und forderte Begrenzung des Flüchtlingszuzugs.

Diese verbreitete negative Einstellung gegenüber den Flüchtlingen schlug sich in den Landtagswahlen in 2016 nieder. In den Wahlen im März erzielte die AfD im ostdeutschen Sachsen-Anhalt 24,3 %, in den süddeutschen Ländern Baden-Württemberg 15,1 % und Rheinland-Pfalz 12,6 % - und zwar in allen drei Ländern aus dem Stand heraus. Nur die CDU konnte bei diesen Wahlen, wenn auch mit Abstrichen, ihre stärkere Position verteidigen. Hauptverliererin war die SPD. Sie musste sich sowohl in Baden-Württemberg wie in Sachsen-Anhalt hinter der AfD mit dem jeweils vierten (!) Platz begnügen. Nur in Rheinland-Pfalz konnte sie dank ihrer anerkannten Ministerpräsidentin Malu Dreyer ihren ersten Platz verteidigen.

Ihre Demütigung erfuhr wiederum die CDU im September 2016 bei den Landtagswahlen in Mecklenburg-Vorpommern (4.9.). In der politischen Heimat von Angela Merkel übertrumpfte die AfD (20,8 %) die CDU (19,0 %). Die SPD konnte dank ihres Ministerpräsidenten Sellering hier ihre führende Position verteidigen. Auch in der letzten Landtagswahl 2016 in Berlin (18.9.) konnte die AfD aus dem Stand heraus mit 14,2 % ein zweistelliges Ergebnis erzielen. SPD wie CDU verloren nicht nur erheblich, sondern gingen auch ihrer früheren herausragenden Stellung als „Volksparteien" verlustig. Sie rangieren mit 21,6 % (SPD) und 17,6 % (CDU) nur noch im Mittelfeld zusammen mit der LINKEN (15,6 %) und den GRÜNEN (15,2 %).

Das Politbarometer des ZDF (Forschungsgruppe Wahlen) bestätigt diesen Trend. Die Frage nach den Wahlabsichten zur Bundestagswahl vor Ausbruch der Flüchtlingskrise und ein Jahr später zeigt folgende Antworten:

Stimmanteile der Parteien (in %)

	CDU/CSU	SPD	GRÜNE	FDP	LINKE	AfD
12.06.2015	41	25	11	4	10	4
03.06.2016	33	21	13	6	9	13

CDU/CSU und SPD verlieren, CDU/CSU massiv. Gewinner ist die AfD.

Wie sich die AfD weiter entwickeln wird, hängt wesentlich von der Führung der AfD ab. Ihre überraschend großen Wahlerfolge verdankt sie ihrer Opposition in der Flüchtlings- und Europapolitik. Ihre Auffassungen laufen weitgehend konträr zu der Politik der Regierung wie zu dem verbreiteten Konsens in Politik und öffentlicher Meinung. Die AfD trifft aber Grundströmungen in der Bevölkerung.

Gerade in bürgerlich-liberalen Kreisen wird die Euro Politik der Regierung schon lange kritisiert. Die finanziellen Folgen dieser Politik, insbesondere der Griechenland Rettungen hat die Regierung aber bisher erfolgreich vor der Bevölkerung abgeschirmt, die Verluste wurden aus dem Haushalt herausgehalten. Die Folgen der uneingeschränkten Flüchtlingsströme ließen sich dagegen nicht verheimlichen, sie trafen die Bevölkerung im vollen Umfang. Doch abgesehen von der CSU fanden die ablehnenden Einstellungen vieler Menschen kein Sprachrohr in der Politik. Die gewählten Abgeordneten fügten sich der verordneten *Willkommenskultur* willig unter.

Die AfD stand bereit.

Die scharfen Angriffe der etablierten Parteien gegen die AfD in Deutschland lassen leicht übersehen, in Europa steht die AfD mit ihren politischen Auffassungen nicht allein. Im Gegenteil, ihre politischen Zielrichtungen stimmen in den europäischen Staaten entweder mit der Mehrheitsauffassung – in der Flüchtlingspolitik – oder zumindest mit beachtenswerten Minderheiten – in der Europapolitik – überein.

In Deutschland entwickelt sich die AfD darüber hinaus immer mehr zu einem Sammelbecken für diejenigen, die insbesondere die CDU unter Angela Merkel, aber auch die SPD vernachlässigt, gar vergrault haben, die sich schon lange nicht mehr in der Politik vertreten sehen. So ist es nicht verwunderlich, dass sich der Zustrom zur AfD auch zu einem bedeutenden Teil aus bisherigen Nicht-Wählern speist. Ein Anstieg der Wahlbeteiligung begleitet oft die Wahlerfolge der AfD.

Nicht wenige Menschen stehen den „modernen" grün-linken Politikbildern fremd gegenüber, sei es in vielen Fragen der Familien- und Gesellschaftspolitik, sei es in der Bejahung multikultureller Lebensformen, sei es in der Energiewende. Viele potentielle CDU Wähler lehnen die Anpassungen, ja Übernahmen dieser Politiken durch Angela Merkel ab. Nicht wenige aus der Klientel der SPD sehen in den aufgenommen Flüchtlingen Konkurrenten auf dem Arbeitsmarkt und in der sozialen Versorgung. Sie sehen mit Überraschung, ja Neid, wie sehr die Flüchtlinge gefördert werden, wogegen viele ihrer Wünsche auf eine Verbesserung ihrer Lebenssituation auf taube Ohren gestoßen sind.

Sicher nährt sich die AfD insbesondere in Ostdeutschland auch von nationalistischen Tendenzen. Die Flüchtlingpolitik der offenen Grenzen hat aber auch in Westdeutschland viele Gegner gefunden und damit die AfD in Deutschland erheblich gestärkt. Die Führung der AfD weiß, dass ohne eine robuste westdeutsche Basis die AfD in der Bundespolitik nicht reüssieren kann. Sie wird daher ihren nationalistischen Flügel eingrenzen und damit versuchen, ihren Kritikern den Wind aus den Segeln zu nehmen.

Selbst wenn die Flüchtlingsströme eingedämmt sind, viele werden die Haltung Angela Merkels in der Flüchtlingspolitik so schnell nicht vergessen. Außerdem: Deutschland trägt dank der *Willkommenskultur* von Angela Merkel die Hauptlast der nach Europa eingeströmten Flüchtlinge. Das Versprechen von Angela Merkel, die Europäer würden ihren Anteil an Flüchtlingen übernehmen, hat sich als Illusion erwiesen. Die Kosten für die Flüchtlinge, die die Regierung auf 94 Mrd. € bis 2020 schätzt, die wahrscheinlich vielen Fälle nicht gelungener Integration werden die deutsche Politik noch Jahre begleiten. Und der AfD weiter in die Hände spielen.

Die Folgerungen sind: Die AfD ist keine Eintagsfliege. Je mehr sie über den Protest gegen die Flüchtlingspolitik hinaus das gewachsene Unbehagen gegenüber den herrschenden grün-links bestimmten Politikbildern in aktive politische Gegenentwürfe umsetzen kann, je erfolgreicher wird sie sein. Bei überlegter Führung wird die AfD eine maßgebliche politische Kraft in Deutschland bilden.

2.2. Folgen für die „Volksparteien" CDU und SPD

Die Flüchtlingskrise hat die Parteienlandschaft durchgeschüttelt. GRÜNE und LINKE hatten immer eine Politik der offenen Grenzen propagiert. Da sie nicht an der Regierung beteiligt waren, konnten sie zumindest in ihrer politischen Rhetorik daran festhalten. Diese Politik dürfte zumindest auf Seite der GRÜNEN der überwiegenden Auffassung ihrer im Vergleich zu den „Volkspartien" geringeren Anhängerschaft entsprochen haben. Für die CDU und SPD mit ihren weit größeren Wählerschaften musste die

Flüchtlingskrise zum Problem werden. Unter ihren Mitgliedern und Wählern entwickelten sich erhebliche Widerstände gegen die unbegrenzte Aufnahme von Flüchtlingen. Für die CDU ist es ein Problem Angela Merkel, für die SPD ein Problem der Partei.

Die Flüchtlingspolitik von **Angela Merkel** hatten bis auf die CSU alle im Bundestag vertretenen Parteien mitgetragen. Sie beruhte auf übereinstimmender Auffassung von LINKEN, GRÜNEN, SPD und CDU. Sie ist letztlich Ausdruck linkspolitischen utopistischen Denkens. So hat Angela Merkel immer wieder die universellen Menschenrechte als Grundlage ihrer Politik beschworen. Abschottung der Grenzen hat sie als überlebt gebrandmarkt. Kontingente für Flüchtlinge hat sie abgelehnt. Die Frage, wie denn Deutschland die zu erwartenden Millionen Flüchtlinge meistern sollte, ließ sie unbeantwortet. Das Motto „wir schaffen das" hatte zu genügen – gleichsam ein Anruf an ihre alles könnenden opferbereiten Deutschen!

Eine derartige übergreifende „grün-linke" Koalition unter Angela Merkel hatte Deutschland schon einmal erlebt – damals auch zusammen mit der CSU - , nämlich im Atomausstieg. An den Atomausstieg erinnerte Angela Merkel auch, als sie die Bewältigung der Flüchtlingskrise zur „großen nationalen Aufgabe" ausrief (Sommerpressekonferenz am 31. August 2015). Konnte sie den Atomausstieg in einem radikalen politischen Manöver durchsetzen, mit ihrer Flüchtlingspolitik scheiterte sie. Die Folgen ihrer Politik wurden schnell offenbar, viele Menschen akzeptieren die Willkommenskultur nicht. Die CSU kündigte Angela Merkel die Gefolgschaft auf. Die EU verweigerte sich den Vorstellungen von Angela Merkel.

Statt der von Angela Merkel geforderten offenen Grenzen hat die EU ihre Grenzen geschlossen. Angela Merkel musste erfahren, dass die EU ihre Politik ablehnte, dass sich die Schar ihrer deutschen Unterstützer lichtete. Sie wechselte die Pferde und setzte auf die EU Politik der Grenzschließung. Diesen radikalen Politikwechsel vollzog sie gleichsam lautlos, indem sie unter den Schlagworten „Rettet den Schengenraum" und „Eindämmung des Flüchtlingsstroms" die EU Politik übernahm.

Die übergreifende „grün-linke" Koalition zerbrach darüber nicht. Wohl griffen einzelne Politiker der GRÜNEN und der LINKEN Angela Merkel insbesondere wegen der politischen Aufwertung Erdogans an. Die EU Politik der Grenzschließung akzeptierten GRÜNE und LINKE genauso wie die SPD. Letztlich schienen sie froh, dass die EU sie von ihrer utopischen Forderung nach offenen Grenzen befreit hatte.

Mit dem gemeinsamen Schwenk der übergreifenden „grün-linken" Koalition hatte sich Angela Merkel einmal wieder als die Macherin der deutschen Politik bewiesen. Sie hatte gehandelt, als die politische Situation einen radikalen Wechsel unabweisbar forderte. Den Wechsel musste sie dabei nicht etwa gegen die Opposition erkämpfen, sondern vollzog ihn mit deren stillschweigenden Zustimmung. So erreichte sie, dass ihre Kanzlerschaft nicht infrage gestellt wurde.

Angela Merkel hat die Flüchtlingskrise, ihre wohl größte Krise, bisher politisch überlebt. Ihre Stellung ist gleichwohl geschwächt. Sie hat das Vertrauen vieler verloren. Sie hat in der Flüchtlingskrise das Gespür für das Fühlen, Denken und Wollen der Menschen vermissen lassen. Die Menschen überall in Deutschland erlebten die Mühen und Belastungen, die die Flüchtlingsströme mit sich brachten. Auch als die Flüchtlingskrise immer größere Dimensionen annahm, hielt sie eisern an ihrer Doktrin fest. „Wir schaffen das", war ihre Mantra. Für die Menschen hieß dies nicht anderes als „Ihr müsst es schaffen", was es auch immer kosten möge. Fragen nach der Machbarkeit und Zumutbarkeit ihrer Politik waren für sie zweitrangig.

Wohl sind die Flüchtlingsströme aus der Türkei eingedämmt. Diejenigen, die Deutschland erreicht haben, werden aber zu ihrem größten Teil in Deutschland bleiben. Viele Wähler werden nicht vergessen, dass es Angela Merkel war, die sich zu deren unbeirrbaren Protagonistin aufgeschwungen hatte.

Die **SPD** hat von Anfang an eine Politik der offenen Grenzen im Sinn der GRÜNEN und LINKEN vertreten. Eine eigene Position hat sie nicht entwickelt. Viel lieber posierte ihr Vorsitzender Gabriel mit einem

Anstecker der Bildzeitung „Wir helfen", um seine Verbundenheit mit der *Willkommenskultur* zu zeigen. Die Verschärfung der Asylgesetze trug die SPD mit, sorgte sich dabei im Wesentlichen um die Interessen der Flüchtlinge. Ihre kommunalpolitischen Politiker, die in den Städten und Gemeinden die Hauptlast des Flüchtlingsstroms zu meistern hatten, konnten sich mit ihren Sorgen nur wenig Gehör verschaffen. Die SPD rühmt sich, die Partei der „kleinen Leute" zu sein. Gerade diese Klientel spürte die Folgen der Hunderttausende von Flüchtlingen besonders. Doch die Nöte der „kleinen Leute" schienen die SPD jetzt wenig zu kümmern.

Das zentrale Anliegen vieler SPD Wähler dürfte gewesen sein, die Grenzen und den Flüchtlingszustrom nach Deutschland unter Kontrolle zu bringen. Gerade auf die SPD war bisher immer Verlass gewesen, wenn es darum ging, die Interessen des Staates als Vertreter der Gemeinschaft wahrzunehmen. Dazu gehört, die Grenzen des eigenen Landes zu sichern. Darüber setzte sich die Führung der SPD auf Druck ihres linken Flügels hinweg. Sie machte sich in einer Kernfrage der deutschen Politik zum Anhängsel der Politik von Angela Merkel. Warum sollten dann die Wähler in Baden-Württemberg oder in Sachsen-Anhalt die SPD noch wählen? Die SPD verlor dort die Hälfte ihrer Wähler (Baden-Württemberg 2015: 12,7 %, 2011: 23,1 %; Sachsen-Anhalt 2015: 10,6 %, 2011: 21,5 %). Eine Niederlage in Rheinland-Pfalz konnte die SPD nur durch die Persönlichkeit der amtierenden SPD Ministerpräsidentin Malu Dreyer verhindern, in Mecklenburg – Vorpommern durch ihren regierenden SPD Ministerpräsidenten Sellering.

Eine Partei, die in einer nationalen Krise auf die drängenden Fragen ihrer Anhänger nicht eigenständig zu antworten weiß, kann nicht erwarten, in Zukunft von zu vielen gehört zu werden.

3. Angela Merkels Kalkül

Betrachtet man die schwerwiegenden Folgen der Flüchtlingspolitik von Angela Merkel, fragt sich, hat sie die Folgen einkalkuliert? glaubte sie, die Folgen beherrschen zu können? hat sie die Folgen nicht erkannt? oder interessierten sie die Folgen überhaupt nicht?

Bei einer derartig erfahrenen Politikerin wie Angela Merkel erscheint ausgeschlossen, dass sie die möglichen Folgen ihrer Politik nicht gesehen haben sollte. Der bekannte Politwissenschaftler Herfried Münkler glaubt in seinem neuen Buch „DIE NEUEN DEUTSCHEN" in der Politik von Angela Merkel eine durchgehende Strategie entdecken zu können: Tausch von Raum gegen Zeit. Die Grenzöffnung diente dazu, den Schengenraum zu retten, gleichzeitig wurde dadurch die Zeit gewonnen, eine gesamteuropäische Lösung auszuhandeln (s. im einzelnen Münkler S. 213ff).

Das Handeln von Angela Merkel, wie es hier in diesem Buch dargelegt ist, spricht eindeutig gegen die These von Münkler. Die entscheidende Persönlichkeit in der europäischen Flüchtlingspolitik, den türkischen Präsidenten Erdogan, kennt Münklers Buch nicht. Welches Kalkül Angela Merkel bei ihren Entscheidungen geleitet hat, muss letztlich Spekulation bleiben. Das Handeln von Angela Merkel lässt aber Schlüsse zu, was für sie bestimmend gewesen sein dürfte.

Ihre Flüchtlingspolitik war eine Politik der Extreme. Im August/September 2015 öffnete sie die Grenzen für alle Flüchtlinge, hieß sie in Deutschland willkommen, sieben Monate später schloss auf ihr Drängen wie das der EU die Türkei ihre Grenzen. Auf den ersten Blick erscheint dieses Handeln äußerst widersprüchlich. Doch ein Blick auf die unterschiedlichen Situationen, aus denen heraus Angela Merkel jeweils agierte, gibt Aufschlüsse über ihre jeweiligen Handlungsmotive. Die akute Situation war zu beherrschen. Die längerfristigen Folgen waren zweitrangig.

Die Flüchtlingssituation hatte sich im August 2015 zugespitzt. Die erschreckend hohe Zahl der in 2015 zu erwartenden Flüchtlingen war der Öffentlichkeit lange Zeit verborgen geblieben. Erst Mitte August korrigierte das Bundesinnenministerium die bis dahin genannte Zahl von 450 000 auf 800 000. Das schockierte die Bevölkerung. Die Bundeskanzlerin musste Stellung nehmen. Am 31. August 2015 erklärte sie auf der Sommerpressekonferenz ihre europäische Flüchtlingsdoktrin.

Wenige Tage später am 4. September 2015 öffnete sie die deutschen Grenzen.

Inhaltlich war die von ihr verkündete Flüchtlingspolitik nichts anderes als die Übernahme der grün-linken utopistischen Flüchtlingspolitik.

Für Angela Merkel war entscheidend, das Gesetz des Handelns in der Hand zu behalten. Sie war die Kanzlerin, sie musste zeigen, dass sie auch diese schwere Krise zu meistern verstand. Die herrschenden Auffassungen in der Flüchtlingspolitik waren zu diesem Zeitpunkt schon von der grün-linken Ideologie der offenen Grenzen geprägt. Die GRÜNEN, die LINKE und zumindest der starke linke Flügel der SPD vertraten sie. Auch Teile der CDU neigten einer großherzigen Flüchtlingspolitik zu. In den Medien überwogen bei weitem die Anhänger dieser Politik. Die Stimmung in weiten Kreisen der Bevölkerung schien in dieselbe Richtung zu gehen. Mit ihrer Flüchtlingspolitik setzte sich Angela Merkel an die Spitze dieser breiten politischen Strömung. Die noch Zaudernden sollten von dem Strom mitgerissen werden. Wesentlicher Widerstand war damit ausgeschaltet. Angela Merkel beherrschte die Krise.

Begründet hat sie die europäische Flüchtlingspolitik mit den allgemein gültigen europäischen Werten. Man muss bezweifeln, dass diese die entscheidenden Gründe für sie waren. Diese Werte hatten offensichtlich keine Bedeutung, solange die Türkei die Flüchtlinge bei sich behalten hatte und nicht weiter reisen ließ. Genauso kannte Angela Merkel diese Werte nicht mehr, als sie und die EU mit der Türkei den Vertrag vom 18. März 2016 aushandelten, der die Grenze schloss und den vorher Jahre lang bestehenden Zustand wieder herstellte.

Das Verhalten von Angela Merkel war offensichtlich primär taktisch bedingt. Diese taktische Grundeinstellung kann auch die Erklärung für Angela Merkels Verhalten in den Monaten zuvor liefern. Die Flüchtlingszahlen über die östliche Mittelmeerroute waren schon ab dem zweiten Quartal 2015 angestiegen, um im dritten Quartal zu explodieren. Die Flüchtlinge kamen nicht aus dem Nichts, sondern aus den Weiten der

Türkei. Auswärtiger Dienst wie Auslandgeheimdienst dürften schon frühzeitig auf die sich bildenden Flüchtlingsströme aufmerksam gemacht haben. Die Bundesregierung hatte also Zeit genug, sich auf das kommende Flüchtlingsheer vorzubereiten, insbesondere ein klares Konzept zur Bewältigung der Krise zu erarbeiten.

Ein solches Konzept hätte, wie die eingetreten späteren Folgen zeigen, Beschränkungen, Zurückweisungen, Kontrollen beinhalten müssen. Entscheidend wäre eine klare Erklärung gewesen, dass Deutschland und die EU nicht bereit waren, Tausende von Flüchtlingen unkontrolliert einreisen zu lassen, sie gar *willkommen* zu heißen.

Ein derartiges Konzept zu entwickeln und durchzusetzen, hätte erhebliche Anstrengungen erfordert. Es wäre auf den schärfsten Widerstand der Opposition, insbesondere der GRÜNEN gestoßen. Ob die SPD mit ihrem starken linken Flügel ein solches Konzept mitzutragen bereit gewesen wäre, durfte Angela Merkel bezweifeln. Wichtig wäre gewesen, die deutsche Öffentlichkeit von einem solchen Konzept zu überzeugen, die Folgen darzulegen, die ein Flüchtlingsstrom von Hunderttausenden von Flüchtlingen für Deutschland und Europa bedeutete. Auch hier hätte sie erhebliche Überzeugungsarbeit leisten müssen und durfte wohl nur bei einem Teil der Medien Erfolg erwarten. Und die Wähler? Diese würden den Parteien und führenden Medien in ihrer überwiegenden Mehrheit schon folgen!

Ein solcher Weg war in seinem Ausgang somit schwer vorhersehbar. Er barg erhebliche Risiken. Die große Koalition konnte gar zerbrechen. Damit wäre auch die Position von Angela Merkel als Kanzlerin gefährdet. Vor einer solchen Politik scheute Angela Merkel zurück. Ehe sie sich auf einen derartig unsicheren, für sie politisch gefährlichen Weg begab, wartete sie ab.

Die Flüchtlingsströme stiegen an. Die Bilder von Hoffnungslosigkeit, Elend und Verzweiflung überschwemmten Fernsehen und Zeitungen. Die Anteilnahme wuchs. Parteien und öffentliche Meinung verschmolzen immer mehr in dem Ziel zu helfen. Jetzt war die Situation für die

Meisterin politischer Taktik klar. Eine große Mehrheit für eine offene Flüchtlingspolitik hatte sich herausgebildet. Angela Merkel setzte sich an die Spitze dieser Bewegung und verkündete am 31. August 2015 die deutsche *Willkommenskultur.*

Die Übernahme der grün-linken Flüchtlingspolitik war für Angela Merkel im Übrigen auch in parteipolitischer Sicht von Interesse – Annäherung an die GRÜNEN. Neben der Kanzler Perspektive sieht Angela Merkel immer auch die Partei Perspektive. Sie will die CDU auch bei der Bundestagswahl 2017 als die Kraft sehen, die die Regierung und damit auch den Bundeskanzler bestimmt. Eine Wiederholung der großen Koalition erscheint unwahrscheinlich. Die SPD Mitglieder werden eine große Koalition ablehnen, wenn die SPD auch im nächsten Bundestagswahlkampf eine Niederlage erleiden wird. Die Bevölkerung scheint in ihrer Mehrheit einer großen Koalition abgeneigt. Der frühere alte Koalitionspartner FDP wird zu schwach sein, um eine Wiederauflage der früheren „bürgerlichen" Koalition zu ermöglichen. Außerdem könnte sich die FDP in ihrer Neuaufstellung als überaus schwieriger Partner erweisen. Schwarz–grün ist das Ziel von Angela Merkel für 2017. Dafür kann eine Annäherung an die GRÜNEN in der so wichtigen Flüchtlingsfrage nur hilfreich sein.

Die Folgen der von ihr vertreten europäischen Flüchtlingsdoktrin für Deutschland dürfte Angela Merkel als beherrschbar angesehen haben. Der Koalitionspartner SPD folgte widerstandslos ihrer Politik und war als eigenständig agierende Partei in dieser für die Bevölkerung so wichtigen Frage nicht sichtbar. Die hierdurch bedingte weitere Schwächung der SPD konnte ihr nur Recht sein. Die Stärkung der AfD nahm Angela Merkel wahrscheinlich als nicht verhinderbar in Kauf. Ob sie den scharfen Widerstand der CSU vorhergesehen hatte, erscheint offen. Die finanziellen Folgen sollte Deutschland mit seinen willigen Steuerzahlern verkraften können.

Sehr viel schwieriger ist es, die Annahmen Angela Merkels hinsichtlich der EU Partner einzuschätzen. Aus ihren Diskussionen auf EU Ebene musste sie wissen, dass die Mehrheit der EU Mitgliedsstaaten ihre Politik der unbegrenzten Flüchtlingsaufnahmen und der europäischen Gesamtverantwortung ablehnte. In den EU Staaten hatte eine solche „grün-links" bestimmte Politik keine maßgeblichen Fürsprecher, geschweige denn eine Mehrheit, sieht man von Schweden ab. Hoffte sie tatsächlich, die EU Staaten umstimmen zu können?

Angela Merkel könnte gehofft haben, kraft ihrer Stellung in der EU sich durchsetzen zu können. Eine mögliche Ablehnung der europäischen Flüchtlingsdoktrin in der EU dürfte sie bewusst in Kauf genommen haben. Die innenpolitische Kanzler Perspektive überragte alles.

Angela Merkel musste im Zuge der Entwicklung sehr bald erkannt haben, dass ihre europäische Flüchtlingsdoktrin in der EU nicht durchsetzbar war. Angesichts der über eine Million Flüchtlinge wuchs auch in Deutschland der Widerstand gegen die Willkommenspolitik. Die CSU stellte sich ausdrücklich gegen ihre Flüchtlingsdoktrin. Die AfD war im Aufschwung und drohte, die Balance im bisherigen Parteiensystem zuungunsten der CDU einzureißen. Die eingetretene Situation erforderte eine radikale Änderung der Politik.

Die bisherige Welle trug nicht mehr. Sie war abgeebbt. Eine neue Welle mit veränderter Richtung bildete sich. Hatte Erdogan sein Land den Flüchtlingen zum Durchzug geöffnet, sollte er es auch wieder zu schließen bereit sein, wenn seine politischen Ziele erreicht wären! Das Ergebnis war der Vertrag vom 18. März 2016. Die europäische Flüchtlingsdoktrin war Vergangenheit.

Mit ihrem radikalen Kurswechsel in der Flüchtlingspolitik stellte sich für Angela Merkel das Dilemma, „wie sag ich es meinem Kind"? Sie sagte es nicht. Sie schwieg einfach. So blieb für viele nach Außen das Bild der „Flüchtlingskanzlerin" bestehen. Möglich war dies nur, weil die übergreifende Koalition von GRÜNEN, LINKEN und Sozialdemokraten den radikalen Kurswechsel stillschweigend akzeptierte. Genauso wie Angela Merkel wollen auch sie aber weiter als Vertreter einer offenen Flüchtlingspolitik erscheinen, ein heuchlerische Doppelspiel.

An diesem Doppelspiel hat Angela Merkel festgehalten, auch wenn sie später Fehler in ihrer Flüchtlingspolitik zugegeben hat, getrieben von den Wahlniederlagen der CDU in vielen Landtagswahlen. Charakteristisch ist ihre selbstkritisch angelegte Erklärung vom 19. September 2016 nach der Landtagswahl in Berlin. Sie wünschte sich – so sagte sie -, die Zeit um viele, viele Jahre zurückspulen zu können. Die Bundesregierung hätte sich dann viel besser auf den Flüchtlingsturm vorbereiten können. Doch was hätte die Bundesregierung getan? Hätte sie die Grenzen von Anfang an geschlossen?

Die für die Flüchtlingspolitik alles entscheidende Frage, welche und wieviel Flüchtlinge aufgenommen werden sollen, umgeht Angela Merkel. In ihrer weiteren Erklärung schließt sie ein absolutes Aufnahmeverbot für Flüchtlinge aus. Doch für welche Flüchtlinge stehen dann die Grenzen offen? Statt einer Antwort auf diese Grundfrage begnügt sich Angela Merkel mit der Beschwörung, ein derartig unkontrollierter Flüchtlingsturm wie im Spätsommer 2015 dürfe sich nicht wiederholen. „Nebelkerzen" nennt man eine solche Erklärung im politischen Geschäft. An ihrem Nimbus als „Flüchtlingskanzlerin" will sie festhalten.

Angela Merkel machte sich zur bewunderten „Flüchtlingskanzlerin", als die allgemeine Grundwelle in Politik, Medien und Bevölkerung dies erwartete. Als die Welle abebbte und die Widerstände wuchsen, schlossen sie und die EU mit Hilfe der Türkei die Grenze, eine völlige Kehrtwende ihrer bisherigen Politik. So beherrschte Angela Merkel, die Kanzlerin, die Flüchtlingskrise am ihrem Anfang und an ihrem Ende. Die hohen Kollateralschäden interessierten sie offensichtlich wenig, sie nahm sie in Kauf. Trotzdem, ihren Nimbus als „Flüchtlingskanzlerin" will sie sich erhalten, wenn auch die Wirklichkeit eine ganz andere Sprache spricht.

Ein Staatsmann handelt anders.

V. Bilanz und Ausblick

Ein bisher nicht gekannter Flüchtlingssturm ist über Europa hinweggezogen und hat ein fragiles sturmgeschädigtes Europa zurück gelassen. Er begann Mitte 2015 mit der Öffnung der Türkei als Transitland für die Flüchtlinge. Er endete 8 ½ Monate später im März 2016, als die Türkei ihre Grenzen wieder schloss.

Einen Vertrag, wie ihn die EU im März 2016 mit der Türkei abschloss und der den Flüchtlingsstrom beendete, hätte die EU schon vor dem Aufbruch der Flüchtlinge vereinbaren können und müssen, wahrscheinlich auch zu günstigeren Bedingungen. Doch Angela Merkel und die europäischen Politiker gaben sich der Illusion hin, die Türkei würde weiter bereit sein, allein die Last der Millionen Syrien-Flüchtlinge in ihrem Land zu tragen. Sie irrten.

Als die Flüchtlinge gen Europa zogen, trafen sie auf ein unvorbereitetes, konzeptionsloses Europa. Die EU zeigte sich nicht in der Lage, den Flüchtlingsstrom zu bewältigen. Sie versuchte, die griechische Außengrenze zu stabilisieren - vergeblich. Außerdem fehlte der EU das wichtigste, eine gemeinsame Flüchtlingspolitik. Die Auffassungen reichten von einer Politik der offenen Grenzen bis zur Verweigerung der Aufnahme jeglicher Flüchtlinge.

Die Folge ist ein weiterer schwerer Vertrauensverlust der Menschen in die EU, in ihre Fähigkeit, Krisen zu bewältigen und gemeinsam die Interessen der Menschen in der EU zu wahren.

Am verheerendsten sind die Auswirkungen der Politik Deutschlands. Angela Merkel hat mit ihrer europäischen Flüchtlingsdoktrin, der schrankenlosen *Willkommenskultur* und dem Ziel einer EU weiten Verteilung der Flüchtlingslasten, die EU gespalten. Sie hat damit dem Konfliktpotential innerhalb der EU ein weiteres Kapitel hinzugefügt. Deutschland hat seine Stellung als verantwortlich handelnde europäische Führungsmacht beschädigt. Es hat einseitig seine Doktrin den Partnern aufzuoktroyieren gesucht, statt eine gemeinsame Linie mit den EU Partnern zu erarbeiten.

In Deutschland hat die Flüchtlingskrise das Vertrauen vieler in die Politik weiter sinken lassen, in ihre Fähigkeit, die Ereignisse zu steuern und die Interessen des Landes wie deren Bewohner zu wahren. Verlierer sind die „Volksparteien" CDU und SPD, Gewinner die AfD.

Der große Gewinner ist der türkische Präsident Erdogan. Er hat seine politischen Ziele erreicht. Die Türkei erhält finanzielle Unterstützungen von 6 Mrd. €. Die EU hat sich verpflichtet, die Visumspflicht für türkische Staatsangehörige zu beenden. Die EU Beitrittsverhandlungen sind wieder aufgenommen.

Ob die Flüchtlinge in ihrer Gesamtheit auf der Gewinnerseite stehen werden, wird sich zeigen. Eindeutige Gewinner sind die Flüchtlinge, die Europa erreicht haben und ein Bleiberecht erhalten. Die Situation der Flüchtlinge in der Türkei sollten die Zahlungen der EU deutlich verbessern. Ob sich die Situation auch anderer Flüchtlingsgruppen verbessern wird, hängt von der Flüchtlingspolitik der Staaten ab. Steigern sie ihre Hilfen oder schotten sie sich lieber noch mehr ab?

Wie wird die Zukunft aussehen?

Ein weiterer Flüchtlingssturm in dieser Stärke gen Europa erscheint unwahrscheinlich. Die Türkei dürfte zu den Vereinbarungen vom 18. März 2016 stehen. Sie hat ihre wesentlichen Ziele erreicht und ist auf die Zusammenarbeit mit Europa angewiesen. Nur eine drastische Verschlechterung der Beziehungen zwischen der EU und der Türkei könnte die Vereinbarung vom 18. März 2016 noch gefährden.

Bleibt danach die östliche Mittelmeerroute geschlossen, sind die Flüchtlinge auf die mittlere Mittelmeerroute angewiesen. Infolge ihrer sehr viel größeren Länge dürften sich wie in der Vergangenheit die Flüchtlingszahlen hier in Grenzen halten.

Die entscheidende Aufgabe der EU wird darin bestehen, eine einheitliche aktive zukunftsweisende Flüchtlingspolitik zu entwickeln. Die bisherige Flüchtlingspolitik ist im Kern eine passive Politik gewesen. Man wartet, welche Menschen das Glück haben, europäischen Boden zu betreten. Erst in diesem Augenblick setzt die bisherige Flüchtlingspolitik mit den Fragen an: welche Menschen sind aufzunehmen, wie sind sie zu behandeln, sollen und können sie integriert werden, sind Flüchtlinge zurückzuführen. Nähern sich Europa zu viele Flüchtlinge, schließen die EU und ihre Mitglieder ihre Grenzen.

Eine aktive zukunftsweisende Flüchtlingspolitik muss vorher ansetzen. Kernpunkt hat die Versorgung der Flüchtlinge „vor Ort" zu sein. Die meisten Menschen flüchten nicht, weil sie individuell wegen ihrer Rasse, Religion oder ihrer politischen Auffassung verfolgt werden. Heute sind es die Bürgerkriegsflüchtlinge, die zu Tausenden vor den Schrecken und Verwüstungen ihrer Heimat in die Nachbarstaaten fliehen. Sie wollen und sollen regelmäßig in ihr Land zurückkehren. Nach den Wirren der Bürgerkriege werden sie in ihren Ländern gebraucht.

Auf die Versorgung dieser Flüchtlinge hat sich eine zukunftsweisende Flüchtlingspolitik zu konzentrieren. Das UNO Hilfswerk ist mit dieser Aufgabe überfordert. Europa muss diese Aufgabe für die Gebiete wahrnehmen, die in ihrem Interessenbereich liegen - in Zusammenarbeit mit den betroffenen Staaten. Nur so lässt sich eine tragfähige Stabilisierung der Verhältnisse für die Gesamtheit der Flüchtlinge, für die Nachbar-Aufnahmestaaten und für Europa erreichen.

Die näheren Perspektiven einer solchen Politik sind im Anhang A dargestellt.

Anhang A

Perspektiven einer zukunftsweisenden Flüchtlingspolitik

I. Flüchtlinge und Flüchtlingspolitik heute

Die bisherige Flüchtlingspolitik hatte den wegen persönlicher Merkmale Verfolgten im Auge, sei es wegen seiner Rasse, seiner Nationalität, seiner politischen Überzeugung oder seiner Zugehörigkeit zu einer bestimmten sozialen Gruppe. Diese Vorstellung liegt dem Asylrecht des deutschen GG wie der Genfer Flüchtlingskonvention zugrunde. Sie war die Antwort auf die Erfahrungen der nationalsozialistischen und kommunistischen Verfolgungen während und nach dem zweiten Weltkrieg.

Die heutigen großen Flüchtlingsströme sind ein Folge von Bürgerkriegen. Wohl auch hier gibt es aus persönlichen Gründen Verfolgte. Das Gros will aber einfach den Schrecken der Bürgerkriege entkommen. Die Bürgerkriege in Syrien, in Afghanistan und im Irak sind Beispiele genug. Die Menschen fliehen aus Bürgerkriegsgebieten nicht zu Tausenden, es sind Hunderttausende, in besonders langen und grausamen Bürgerkriege können es Millionen sein wie z.B. aus Syrien, Afghanistan und Somalia.

Die Flüchtlinge fliehen in der Regel in ihre Nachbarstaaten und werden dort aufgenommen. Es sind außer der geografischen Nähe ethnische, religiöse und kulturelle Bindungen, die die Menschen veranlassen, bei ihren Nachbarn Schutz zu suchen. Aus den gleichen Gründen sind die Nachbarn bereit, diese hohe Zahl von Flüchtlingen aufzunehmen. Auch hoffen die Menschen, bald wieder in ihre Heimat zurückkehren zu können. Auf der anderen Seite brauchen die Heimatländer ihre Flüchtlinge. Die Staaten können auf diese ihre Landsleute nicht verzichten, wenn der Bürgerkrieg abebbt und irgendwann zu Ende geht.

Erste Aufgabe einer modernen Flüchtlingspolitik muss es daher sein, die Flüchtlinge in den Aufnahmeländern zu versorgen. Die benachbarten Aufnahmeländer können diese Aufgabe oft nicht allein schultern. Das UNO Flüchtlingshilfswerk hat, wie die Erfahrungen zeigen, viel zu wenig

Mittel, um ausreichend zu helfen. Die EU hat daher von sich aus, eigenständig ein Flüchtlingshilfswerk aufbauen. Dieses Flüchtlingshilfswerk sollte in Zusammenarbeit mit den betroffenen Aufnahmestaaten ein umfassendes Programm für die in Betracht kommenden Flüchtlingsgebiete entwickeln und verantwortlich mit betreuen.

Wird für die Flüchtlinge vor Ort ausreichend gesorgt, entfällt auch der Grund, Flüchtlinge generell in weiteren Ländern aufzunehmen. Die Weiterreise von Flüchtlingen sollte nur für bestimmte Gruppen in Betracht kommen z.B. zum Wiederaufbau zu Schulende, hoch Integrationswillige, besonders Bedürftige. Reisen Flüchtlinge entgegen den Regeln, sind sie zurückzuführen.

Derartige Hilfsprogramme kosten Geld. Noch teurer sind aber verfehlte Flüchtlingspolitiken, wie sie Deutschland mit ihrer *Willkommenskultur* gerade betrieben hat. Die 100 Mrd. €, die Deutschland für die „Vollversorgung" von hunderttausenden Flüchtlingen in Deutschland aufwendet, wären für derartige Hilfsprogramme weit besser angelegt. Sie könnten eine viel größere Zahl von Menschen viel länger versorgen.

Eine solche aktive Flüchtlingspolitik würde auch die Inhumanität der bisherigen passiven Flüchtlingspolitik beseitigen. Wer das Glück hat, die europäischen Gestade zu betretene, für den wird gesorgt. Wer sich die Reise nicht leisten kann oder an unüberwindbaren Hindernissen scheitert, hat schlicht Pech und bleibt in seinem Elend zurück. Kommen gar zu viele, schließt man möglichst die Grenzen.

Die großen Flüchtlingsströme, die die Bürgerkriege verursachen, kann oft kein einzelnes Land aufnehmen. Ein Satz wie „Die, die Schutz brauchen und suchen, sollen Schutz bekommen" (Angela Merkel in ihrer Regierungserklärung vom 17. Februar 2016) ist Hybris. Nehmen die Nachbarstaaten die Flüchtlinge auf, wie sie es bisher in der Regel getan haben, so sollte dies die EU würdigen und diese Länder hierbei maßgeblich unterstützen. Diese Länder erbringen nicht nur eine enorme humanitäre Listung, sondern schützen gleichzeitig Europa vor einem Überschwappen des Stroms auf ihre Gestade.

Außer den Bereichen Versorgung der Flüchtlinge und Aufnahme von Flüchtlingen wird als dritte Aufgabe der Flüchtlingspolitik oft die Bekämpfung der Flüchtlingsursachen genannt. Diese Frage ist primär eine Frage der Außenpolitik. Gerade in Bürgerkriegen geht es oft um politische Interessen mehrerer Mitspieler. Paradebeispiel ist der syrische Bürgerkrieg. Hier ringen der schiitische Iran, das sunnitische Saudi-Arabien, die Türkei in seiner Sorge vor den kurdischen Separatisten zusammen mit den USA auf der einen und Russland auf der anderen Seite um Einfluss.

II. Das Dilemma der EU

Effektive Flüchtlingspolitik verlangt kontrollierte Außengrenzen, eindeutige Regelungen über Aufnahme, Behandlung und Rückführung von Flüchtlingen und effiziente Institutionen zur Durchsetzung der Regelungen. Bei einem Staat sind diese Voraussetzungen regelmäßig erfüllt. Die EU hat einen Binnenraum ohne Grenzkontrollen geschaffen, aber versäumt, gleichwertige Strukturen für die EU als Staatenbund aufzubauen. Der Zusammenbruch des EU Grenzregimes in der europäischen Flüchtlingskrise war die Folge.

III. Skizze einer zukunftsweisenden Flüchtlingspolitik

Eine Flüchtlingspolitik, die ihren Namen verdient, muss drei grundsätzliche Erfordernisse erfüllen:

Sicherung der Außengrenzen
Versorgung der Flüchtlinge vor Ort
einheitliche Regeln über Aufnahme, Behandlung und Rückführung von Flüchtlingen

1. Sicherung der Außengrenzen

Die konsequenteste Lösung wäre eine eigenständige EU Grenzpolizei, die mit allen notwendigen Kompetenzen und Mitteln ausgestattet ist. Bei der gegenwärtigen Struktur der EU wird eine derartige von den jeweiligen Staaten unabhängige EU Grenzpolizei nicht durchsetzbar sein.

Bleibt es bei der gegenwärtigen Verantwortung der jeweiligen Grenzstaaten für die Sicherung der Außengrenzen, müssen die Aufgaben der Grenzstaaten genau definiert werden. Hierzu gehört insbesondere die Einrichtung von effizienten „Hotspots", die alle Aufgaben der Flüchtlingsaufnahme wahrnehmen (Registrierung, Annahme und Entscheidung von Asylanträgen u.a.). Da diese Aufgaben im Interesse der EU liegen, hat die EU insoweit die Kosten dieser Einrichtungen zu tragen.

Frontex ist zu stärken. Frontex hat zu kontrollieren, ob die Grenzstaaten ihre Aufgaben ordnungsgemäß wahrnehmen, und einzugreifen, wenn sich Mängel zeigen. Die Kompetenzen von Frontex müssen entsprechend erweitert und die hierfür erforderlichen Mittel aufgestockt werden.

Außerdem müssen Notfallpläne für außergewöhnliche Flüchtlingsbewegungen aufgestellt werden. Ein Zusammenbruch des Grenzregimes wie in der europäischen Flüchtlingskrise darf sich nicht wiederholen.

Besondere Probleme bilden die „blauen" Grenzen. Sie lassen sich nur unter Mitwirkung der Anrainerstaaten des Mittelmeers lösen. Durchorganisierte stabile Staaten sichern ihre Küsten wie Ägypten, Algeriern, Marokko und jetzt die Türkei, erforderlichenfalls nach Abschluss von Sicherungsverträgen. Offen ist gegenwärtig die libysche Küste. Hier können nur besondere Abmachungen und Maßnahmen helfen.

2. Versorgung der Flüchtlinge vor Ort

Eine verantwortungsvolle Flüchtlingspolitik darf nicht passiv sein, sie muss eine aktive Flüchtlingspolitik betreiben.

Eine solche Politik verlangt im Fall Syrien, zusammen mit der Türkei, dem Libanon und Jordanien ein Gesamtkonzept für die Syrienflüchtlinge zu entwickeln. Ziel muss sein, für alle Flüchtlinge angemessene Lebensverhältnisse zu schaffen. Die Versorgung sollte nicht nur die materiellen und medizinischen Bedürfnisse abdecken, sondern auch Arbeitsmöglichkeiten schaffen und insbesondere die Ausbildung der Kinder und Jugendlichen sicherstellen.

In der gleichen Weise verlangt eine verantwortungsbewusste Flüchtlingspolitik für Afrika, mit den Nachbarstaaten afrikanischer Fluchtstaaten umfassende Konzepte zur Lösung deren Flüchtlingsprobleme zu erarbeiten.

3. Einheitliche Regeln für die Aufnahme, Behandlung und Rückführung von Flüchtlingen

Die EU hat mehrere Richtlinien für diese Bereiche erlassen. Es sind dies die Qualifikations-, die Aufnahme-, die Asylverfahrens- und die Rückführungsrichtlinie. Problem ist hier die einheitliche Anwendung. Die Behörden in den Staaten interpretieren die Bestimmungen oft sehr unterschiedlich. Wird einer in einem Land als Flüchtling im Sinn der Genfer Flüchtlingskonvention anerkannt, kann ein solcher Flüchtling in einem anderen Land z.B. abgeschoben werden. Die Versorgung der Flüchtlinge kann sich von Land zu Land erheblich unterscheiden. Es bedürfte einer EU Agentur, die die einheitliche Anwendung überwacht.

Zwei entscheidende Bereiche sind jedoch nicht geregelt:
Welche Flüchtlinge werden aufgenommen?
Wie werden die aufgenommen Flüchtlinge in der EU verteilt?

(1) Für die Aufnahme von Flüchtlingen gilt bisher das Zufallsprinzip. Wem es gelingt, die Grenze zur EU überschreiten, wird aufgenommen. Wer geschlossene Grenzen vorfindet, bleibt draußen vor.

Aufgabe muss es sein, Kriterien zu entwickeln, welche Flüchtlinge aufzunehmen sind. Hierfür könnten z.B. in Betracht kommen: zum Wiederaufbau zu Schulende, besonders Bedürftige, hoch Integrationswillige. Andere Flüchtlinge müssen ohne weiteres zurückgeführt werden können. Es ist ein geschlossener Kreis zu entwickeln, in dem die Sorge für die Flüchtlinge aufgeteilt wird auf die Nachbarstaaten und Europa. Entscheidende Kriterien müssen sein: Bedürfnisse und Fähigkeiten der Flüchtlinge, Vorsorge für die Zukunft insbesondere der Bürgerkriegsstaaten, Kapazitäten in den Nachbarstaaten und Europa sowie die Einstellungen der jeweiligen Bevölkerungen.

(2) Die Verteilung der Flüchtlinge innerhalb der EU kann nur auf freiwilliger Basis erfolgen. Die Einstellung zu Flüchtlingen in den einzelnen Mitgliedsländern ist derartig unterschiedlich, dass sich zwangsweise durchzusetzende Quoten verbieten. Es gehört zur Souveränität der EU Mitglieder, hierüber eigenständig zu entscheiden. Daher haben auch finanzielle Ersatzzahlungen durch Mitgliedsländer auszuscheiden.

Anhang B

Die Rechtsgrundsätze des Asyl-Regimes

Es sind zwei maßgebliche Bereiche zu unterscheiden:

(I) Voraussetzungen der Asylgewährung und Rechtsstellung der Asylanten
(II) Das EU Grenzregime

Maßgeblich Grundlage ist die Genfer Flüchtlingskonvention von 1951, ergänzt durch das Protokoll von 1967 (GFK). Der GFK sind 143 Staaten beigetreten. Die GFK ist in der EU geltendes Recht. Die subsidiäre Schutzberechtigung beruht auf der Qualifikationsrichtlinie der EU.

I. Voraussetzungen der Asylgewährung und Rechtsstellung der Asylanten

1. Asylgründe

Das geltende Asyl-Regime kennt drei Asylgründe:

Asylrecht nach Art. 16a Grundgesetz (GG)
Flüchtling nach § 3 Abs. 1 Asylgesetz (GFK)
Subsidiär Schutzberechtigter nach § 4 Abs. 1 Asylgesetz

Die Unterscheidung ist für die Rechtsfolgen von Bedeutung. Die Angehörigen der dritten Gruppe erhalten geringere Rechte als die der beiden ersten Gruppen.

Das Asylrecht nach Art. 16a GG und die Flüchtlingseigenschaft nach der GFK decken sich in ihren Grundanforderungen. Beide setzen voraus, dass der Betreffende wegen seiner Rasse, Nationalität, politischen Überzeugung oder Zugehörigkeit zu einer bestimmten sozialen Gruppe eine schwerwiegende Menschenrechtsverletzung zu befürchten hat und

73

den Schutz seines Heimatlandes nicht in Anspruch nehmen kann. Es muss eine individuelle Bedrohungslage vorliegen.

Das Asylrecht nach Art. 16a GG setzt weiter voraus, dass die Bedrohung vom Staat ausgeht. Für die Flüchtlingseigenschaft nach GFK genügt dagegen, dass die Bedrohung von welcher Organisation auch immer ausgeht. Somit fallen auch Bedrohte z.B. durch Bürger- und Kriegsparteien in den Schutzbereich der GFK.

Art. 16a GG enthält darüber hinaus eine wesentliche Einschränkung. Nach Art. 16a Abs. 2 GG kann sich auf dieses Asylrecht nicht berufen, wer aus einem EU Staat oder einem anderen sicheren Drittstaat einreist. Da Deutschland nur von derartigen Staaten umgeben ist, kann Art. 16a GG nur in Ausnahmefällen zur Anwendung kommen.

Die größte Bedeutung für die Asylanten hat daher die Anerkennung als Flüchtling nach der GFK (= § 3 Abs. 1 Asylgesetz).

Weiterer Schutzgrund ist die subsidiäre Schutzberechtigung nach § 4 Abs. 1 Asylgesetz. Subsidiär schutzberechtigt ist, wem in seinem Herkunftsland ein „ernsthafter Schaden" droht, ohne den Schutz seines Heimatlands in Anspruch nehmen zu können. „Ernsthafter Schaden" sind
Verhängung oder Vollstreckung der Todesstrafe,
Folter, unmenschliche oder erniedrigende Behandlung,
ernsthafte Bedrohung des Lebens oder der Unversehrtheit im Rahmen eines internationalen oder innerstaatlichen bewaffneten Konflikts.

Für diesen Schutzgrund genügt allein die Gefahr eines „ernsthaften Schadens". Ein spezifischer Verfolgungsgrund z.B. wegen einer bestimmten politischen Überzeugung oder der Zugehörigkeit zu einer bestimmten Rasse ist nicht Voraussetzung. Dieser Schutzgrund geht somit entscheidend über die Anwendungsbereiche von Art. 16a GG und des GFK hinaus.

Keine der Schutzgründe erfasst allgemeine Notlagen wie z.B. Armut, Epidemien, Misswirtschaft, wetter- oder klimabedingte Katastrophen und die hierdurch etwa bedingten Hungersnöte.

Das gilt auch für durch zwischenstaatliche Kriege oder durch Bürgerkriege verursachte Notlagen. Anerkennung als Flüchtlinge können Menschen aus derartigen Gebieten nur dann beanspruchen, wenn der einzelne von den Bürger-/Kriegsparteien wegen spezifischer Eigenschaften (z.B. Rasse, Religion, politische Überzeugung) verfolgt wird. Liegt keine spezifische Verfolgung vor, komm der Status als subsidiär Schutzbedürftiger in Betracht, wenn z.B. die kriegerischen Ereignisse weite Gebiete eines Landes erfasst haben und daher den Menschen in ihrem Land Gefahr für Leib und Leben droht.

Wirtschaftsflüchtlinge haben keinen Anspruch auf Schutz.

Über die Asylanträge entscheidet das BAMF. Ist ein Ausländer aus einem sicheren Herkunftsland eingereist, ist dessen Asylantrag als offensichtlich unbegründet abzulehnen. Das gilt nicht, wenn die angegebenen Tatsachen oder Beweismittel die Annahme begründen, dass ihm abweichend von der allgemeinen Lage im Herkunftsstaat politische Verfolgung oder unmenschliche oder erniedrigende Bestrafung oder Behandlung drohen.

Die Festlegung eines Staates als sicheres Herkunftsland kehrt somit die Beweislast zu Gunsten des BAMF um und mindert die Chancen auf eine Anerkennung des Asylschutzes erheblich. Die sicheren Herkunftsländer werden durch Gesetz bestimmt. Gegenwärtig zählen u.a. hierzu die Balkanstaaten Albanien, Bosnien-Herzegowina, Kosovo, Mazedonien, Montenegro und Serbien sowie Ghana und Senegal. Weitere Länder wie Algerien, Marokko und Tunesien sollen ebenfalls zu sicheren Herkunftsstaaten erklärt werden.

2. Rechtsstellung der Asylanten

Werden die Schutzgründe anerkannt, treten für Asylberechtigte nach Art. 16a GG wie für anerkannte Flüchtlinge nach GFK die gleichen Folgen ein. Sie erhalten in der Regel eine Aufenthaltserlaubnis für drei Jahre. Nach drei Jahren ist eine unbefristete Niederlassungserlaubnis zu erteilen, wenn die Gründe für die Anerkennung nicht weggefallen sind. Die unbefristete Niederlassungserlaubnis berechtigt zur Ausübung einer Erwerbstätigkeit.

Subsidiär Schutzberechtigten wird die Aufenthaltserlaubnis nur für ein Jahr erteilt, bei Verlängerung für zwei weitere Jahre. Nach fünf Jahren ist eine unbefristete Niederlassungserlaubnis zu gewähren.

3. Abschiebungsverbote/Aussetzung der Abschiebung

Die Abschiebungsverbote wie die Aussetzung der Abschiebung (Duldung) spielen eine erhebliche Rolle. Sie weiten den Schutzbereich in der Praxis erheblich aus.

Grundsätzlich gilt, hält sich ein Ausländer illegal in Deutschland aus, ist er abzuschieben. Der Ausländer mag von vornherein überhaupt keine Aufenthaltserlaubnis beantragt haben, sein Gesuch kann abgelehnt sein, seine Aufenthaltserlaubnis mag abgelaufen oder entzogen sein.

Abschiebungen sind grundsätzlich unzulässig in Staaten, in denen für den Betreffenden insbesondere eine ernsthafter Schaden im Sinn des subsidiären Schutzrechtes oder eine erhebliche konkrete Gefahr für Leib, Leben oder Freiheit drohen.

Die Länder können für bestimmte Ausländergruppen aus „völkerrechtlichen oder humanitären Gründen" die Abschiebung zeitweise aussetzen. Hiervon haben einzelne Länder Gebrauch gemacht.

Die Abschiebung ist auszusetzen, solange die Abschiebung „aus tatsächlichen oder rechtlichen Gründen" unmöglich ist. Diese Voraussetzungen werden sehr weitherzig interpretiert und haben den Anwendungsbereich einer Duldung erheblich ausgedehnt. Hierzu zählen nicht nur Krankheit, sondern auch Fälle, bei denen z.B. der Betreffende im Fall der Abschiebung keinen Zugang zu den Grundbedürfnissen des

Lebens – Ernährung, Hygiene, Unterkunft - hätte und dieser Mangel zu einer sofortigen Lebensbedrohung führte. Weiter kann das Fehlen von Ausweispapieren eine Duldung rechtfertigen. Ist die Abschiebung schon einmal gescheitert, soll hierin schon für die Dauer ein tatsächliches Abschiebungshindernis liegen.

Die Duldungen können für Zeiträume von zwei Wochen bis zu einem halben Jahr ausgesprochen werden. Sie werden verlängert, wenn die Gründe weiter bestehen. Nach acht Jahren sollen geduldeten Ausländern im Fall einer nachhaltigen Integration eine Aufenthaltserlaubnis erteilt werden.

Anmerkungen:

*Völkerrechtlich anerkannt ist, dass die GFK nur das Recht **im Asyl** normiert, aber kein Recht auf Asyl gewährt. Die Staaten sind daher frei, Flüchtlingen an ihren Staatsgrenzen die Einreise zu verweigern. Erst wenn sich die Flüchtlinge im Hoheitsbereich eines Konventionstaates befinden, greift die GFK ein. Sie gilt also auch dann, wenn z.B. Marine- oder Polizeischiffe Flüchtlinge im Meer aufgreifen.*

Das gleiche gilt für den subsidiären Schutz.

Die Staaten können sich daher vor einem Ansturm von Flüchtlingen nur dadurch schützen, dass sie ihre Grenzen sichern (z.B. durch Stacheldraht.). Dies ist bei der geltenden Rechtslage praktisch das einzige zur Verfügung stehende Mittel, um die Gebietshoheit zu gewährleisten. Denn ist es Flüchtlingen erst einmal gelungen, die Grenzen eines Konventionstaates zu überschreiten, können großzügige Interpretationen der Asylvoraussetzungen, Abschiebungsverbote, lange Verfahrensdauern und Fehlen wirksamer Rückführungsabkommen es den Staaten äußerst schwer machen, auch nur einen Teil der Flüchtlinge tatsächlich wieder zurückzuführen.

*Eine Ausnahme gilt für das Asylrecht nach Art. 16a GG. Dieses gewährt dem Flüchtling ein Recht **auf Asyl**. Dieses Recht fällt aber weitgehend ins*

II. Das EU Grenzregime

1.Allgemeine Grundsätze

(1) Jeder Drittstaatangehöriger (Nicht-EU Bürger) benötigt zur Einreise nach Deutschland einen Aufenthaltstitel z.B. eine befristete oder dauernde Aufenthaltserlaubnis.

(2) Innerhalb des Schengen-Raums (EU Länder ohne England und Irland) sind Grenzkontrollen grundsätzlich verboten. Die Kontrolle der Außengrenzen obliegt den jeweiligen Mitgliedsländern an den Außengrenzen. Die Aufsicht hierüber wie die Sicherung einheitlicher Standards obliegen der Frontex, der Europäischen Agentur für die operative Zusammenarbeit an den Außengrenzen.

(3) Innerhalb des Schengen-Raums dürfen die Mitgliedstaaten lediglich innerhalb eines Bereichs von 30 km hinter der Grenze stichprobenweise Kontrollen durchführen. In besonderen Fällen können Mitgliedstaaten an den Binnengrenzen wieder Grenzkontrollen einführen und zwar für höchstens 30 Tage mit Verlängerungsmöglichkeit um noch einmal 30 Tage, wenn die öffentliche Ordnung oder die innere Sicherheit schwerwiegend bedroht ist,

für höchstens 2 Jahre, wenn das Funktionieren des Schengen-Raums in Gefahr ist, weil die Außengrenzen durch ein Mitgliedsland nicht wirksam geschützt werden. Voraussetzung hierfür ist, dass der Rat der europäischen Union die Wiedereinführung der Kontrollen empfiehlt.

2. Die Dublin III Verordnung

Jeder Flüchtling ist bei seiner Einreise in den Schengen-Raum zu registrieren.

Der Asylantrag darf nur in *einem* Staat gestellt werden. Dies ist der Staat, in den der Asylbewerber erstmals in den Schengenraum eingereist ist. Reist ein Flüchtling ohne Registrierung in ein anderes Mitgliedsland weiter, kann dieses Land den Flüchtling an seiner Grenze zurückweisen oder die Rücküberstellung in den zuständigen Staat verlangen. Eine Rücküberstellung ist ausgeschlossen, wenn in dem an sich zuständigen Staat systematische Mängel des Asylsystems vorliegen. Derartige Mängel werden für Ungarn und Griechenland angenommen. Ein Mitgliedsland kann aber auch von sich aus den Asylantrag annehmen (Selbsteintritt). Für syrische Flüchtlinge verzichtet Deutschland im Regelfall auf eine Rücküberstellung.

Der Fall eines Massenzustroms von Flüchtlingen ist in der Massenzustromrichtlinie vom 20. Juli 2001 geregelt. Hiernach kann für bestimmte Flüchtlingsgruppen der vorübergehende Schutz in den Mitgliedsländern angeordnet werden. Diese Anordnung bedarf eines Beschlusses des Rats der europäischen Union (qualifizierte Mehrheit). Die Aufnahme in den Mitgliedsländern unterliegt der freien Entscheidung eines jeden Mitgliedstaates. Der Schutz endet nach einem Jahr. Er kann auf insgesamt zwei Jahre verlängert werden.

Literaturauswahl

Depenheuer Otto/Grabenwarter Christoph (Hg.): Der Staat in der
   Flüchtlingskrise, Paderborn 2016
Grenz Wolfgang, Lehmann Julian, Keßler Stefan: Schiffbruch Das
   Versagen der europäischen Flüchtlingspolitik, München 2015
Grundmann Thomas/Stephan Achim (Hg.): „Welche und wie viele
   Flüchtlinge sollen wir aufnehmen?", Stuttgart 2016
Luft Stefan: Die Flüchtlingskrise, München 2016
Münkler Herfried und Marina: DIE NEUEN DEUTSCHEN, Berlin 2016
Prantl Heribert: Im Namen der Menschlichkeit, Berlin 2015
Reschke Anja (Hg.): Und das ist der Anfang Deutschland und die
   Flüchtlinge, Reinbek 2015
Sarrazin Thilo: Wunschdenken, München 2016

Abkürzungsverzeichnis

BAMF	Bundesamt für Migration und Flüchtlinge
EASY-System	System zur Erstverteilung von Asylbewerbern
Eurostat	Statistische Amt der Europäischen Union
GFK	Genfer Flüchtlingskonvention
GG	Grundgesetz
Frontex	Europäische Grenzschutzagentur
UNHCR	UNO Flüchtlingshilfswerk